Manfred Jochum (Hrsg.)

Kultur – Harmonie und Konflikt

Band 7 der Reihe „Kultur und Wirtschaft“, herausgegeben von Erhard Busek

Manfred Jochum (Hrsg.)

Kultur – Harmonie und Konflikt

Gedächtnisstiftung Peter Kaiser (1793–1864), Vaduz

EUROPÄISCHES FORUM ALPBACH

StudienVerlag
Innsbruck
Wien
Bozen

E-Mail: order@studienverlag.at
Internet: www.studienverlag.at

Buchgestaltung nach Entwürfen von Kurt Höretzeder
Satz: Studienverlag/Manuela Weiß
Umschlag: Studienverlag/Karin Berner
Korrektorat: Edgar Haberthür-Blättler

Gedruckt auf umweltfreundlichem, chlor- und säurefrei gebleichtem Papier.

Bibliografische Information Der Deutschen Bibliothek
Die Deutsche Bibliothek verzeichnet diese Publikation in der Deutschen Nationalbibliografie; detaillierte bibliografische Daten sind im Internet über <http://dnb.ddb.de> abrufbar.

ISBN 978-3-7065-4781-9

Inhaltsverzeichnis

Erhard Busek

Eröffnung des Präsidenten des Europäischen Forums Alpbach

Das Europäische Forum unternimmt es, gemeinsam mit der Gedächtnisstiftung Peter Kaiser (1793–1864), in der Reihe „Kultur und Wirtschaft" seit Jahren aktuelle Aufnahmen dieser Relation, aber auch weiterreichende Hinweise der Auseinandersetzung zu geben. Es ist außerordentlich dafür Dank zu sagen, dass eine solche Aktivität ermöglicht wird, weil die Relation von Kultur und Wirtschaft ohnehin meistens einseitig nur von der Sponsorentätigkeit her gesehen wird. Die hier oft vorhandenen Aggressionen sind in Wirklichkeit auch nicht sinnvoll, weil es ein enges thematisches inneres Verhältnis ist, das diese Bereiche für das Leben der Menschen verbindet.

Wenn für die Tagung 2008 das Thema „Harmonie und Konflikt" genommen wird, ist damit eine entscheidende Rolle des kulturellen Bereiches angesprochen, allerdings auch die Bedeutung für die Wirtschaft. In den einzelnen Präsentationen wurde hier völlig klar gemacht, dass Konflikt eine der Notwendigkeiten für die Kultur selbst ist, nicht nur sichtbar zu werden, sondern sich auch „vorwärts zu bewegen". Andererseits sind wir aber auch immer mit der Sehnsucht nach Harmonie konfrontiert. Es ist im Übrigen ein sehr österreichisches Statement: „nur nicht streiten", das allerdings die notwendigen sachlichen Unterschiede meistens verwischt und das Produktive der Konflikte vernachlässigt. Im Übrigen sind wir in der zweiten Hälfte des 20. Jahrhunderts durch eine Unmenge von Konflikten gegangen, die einerseits die Bewältigung dessen, was Faschismus und Stalinismus bewirkt haben, bedeutet, andererseits aber auch das Aufbrechen von traditionellen Strukturen, die nicht mehr in der Lage waren, die Herausforderung der Zeit jeweils zu bewältigen.

Die gegenwärtige europäische Situation hat diese Herausforderung noch verschärft. Es sind möglicherweise neue Spannungen, etwa zwischen jüngerer und älterer Generation, die auf unterschiedlichen Erfahrungen aufbauen und insbesondere in Europa auch in unterschiedlichen Welten leben. Der Zusammenbruch des Eisernen Vorhangs und der damit verbundenen Ideologien hat hier neue Gesichtspunkte geschaffen.

Selbstverständlich gibt es auch strukturelle Herausforderungen für diese Thematik, die sich etwa im Verhältnis von Zentrum und Peripherie äußern. Mag sein, dass die lokalen Unterschiedlichkeiten verschwinden, weil unsere Mobilität heute dazu führt, dass wir in allen Welten gleichzeitig sein können. Dass aber geistig dann Peripheres auch sichtbar wird, ist außer Frage.

Was ist die Dimension für die Wirtschaft? Allein das Bestehen auf dem Markt ist bereits von einer Relation von Harmonie und Konflikt begleitet. Sich mit den allgemeinen Vorstellungen harmonisch zu verhalten, wäre bei Angebot von Produkt und Dienstleistung nicht sehr hilfreich, weil die Sehnsucht nach dem Neuen zweifellos besteht. Die Frage der Innovation ist hier auf das Engste verbunden und letztlich für die Wirtschaft von entscheidender Bedeutung. Auch die gegenwärtigen Krisenphänomene machen deutlich, dass wir eine stärker konfliktorientierte Auseinandersetzung brauchen, um in den notwendigen Lebensbereichen auch etwas mehr Harmonie anbieten zu können. Für die Wirtschaft hat diese Fragestellung also eine außerordentliche Bedeutung, wenngleich sie natürlich eine andere Art der Umgangsweise mit diesen Fragen selbst hat.

Wiederum ist eine qualitativ hochstehende Begegnung gelungen, für die dem Geist des Ortes – der Universität Innsbruck –, aber auch dem Geist und den Geistern derer, die hier gestaltet haben, ein herzliches Dankeschön zu sagen ist. Der Programmbeirat bestehend aus Marianne Gruber, Andrea Kuhn, Hellmuth Matiasek, Marc Ries, Dieter Soltmann und Karlheinz Töchterle hat hier eine ausgezeichnete Arbeit geleistet, ohne die das Ergebnis selbst nicht möglich gewesen wäre. Manfred Jochum Dank zu sagen für einfühlsame Gestaltung dieses Buches ist mir eine Freude und Selbstverständlichkeit.

Erhard Busek
Präsident des Europäischen Forums Alpbach

Karlheinz Töchterle

Begrüßung des Rektors der Leopold-Franzens-Universität

Sehr geehrter Herr Präsident, meine sehr geehrten Damen und Herren, liebe Kolleginnen und Kollegen!

Ich darf Sie ganz herzlich hier im Hause begrüßen. Es freut und ehrt mich, dass das Forum sich wieder Innsbruck als Tagungsort ausgesucht hat. Ich freue mich, eine einigermaßen volle Aula zu sehen, stelle also fest, dass viele unserer Studierenden die Gelegenheit wahrnehmen, ein so hochkarätiges Teilnehmerfeld zu hören und mitzudiskutieren. „Kultur und Wirtschaft" passt als Rahmenthema, aber auch das Tagungsthema „Harmonie und Konflikt" von Kultur sehr gut an die Universität, insbesondere an eine Volluniversität, wo eben sowohl die Kulturwissenschaft als auch die Wirtschaftswissenschaft in allen möglichen Ausformungen einen Platz hat in Forschung und Lehre. Es passt speziell auch deswegen sehr gut zur Universität Innsbruck, weil wir im Rahmen verschiedener Forschungsschwerpunkte das Thema Kultur, aber auch das Thema Kulturkontakt, Kulturkonflikt und anderes mehr beforschen. Es gibt also ganz konkrete Möglichkeiten, uns hier mit Experten aus nah und fern auszutauschen und abzugleichen, und ich freue mich, dass so viele diese Gelegenheit wahrnehmen. Ich wünsche Ihnen für die kommenden drei Tage viel Erfolg, ergiebige Gespräche und wünsche Ihnen, dass Sie sich in Innsbruck wohlfühlen. Es tut mir leid, dass ich selber nicht an den Gesprächen teilnehmen kann – aus naheliegenden Gründen und vielen Verpflichtungen –, ich freue mich aber, dass ich Sie bei der Abschlussdiskussion am Freitag wiedersehe und zumindest das Resümee und dann natürlich die *acta* studieren werden kann.

Alles Gute und viel Erfolg für die Tagung!

Kapitel 1
Kultur als Ausrede

Juliane Alton

Stoff fürs Kabarett

Sponsoring ist ein kulturpolitisch massiv überschätztes Thema, weshalb ich mich zunächst dem Übertitel der Veranstaltung zuwende, der „Kultur als Ausrede".

Ausreden werden ständig gebraucht, und in Politik und Wirtschaft kann „Kultur" sehr gut als Feigenblatt dienen. Hinter einem Feigenblatt versteckt sich, was an und für sich jede/r kennt, doch lässt niemand dieses Bekannte gern sehen. Dass sich die Kultur speziell als Feigenblatt eignet, liegt möglicherweise an einem rückwärts gewandten Kunst- und Kulturverständnis der handelnden Personen, da „Kultur" noch immer für das Gute und Wahre (vom Schönen ist man eher abgekommen) steht oder, anders ausgedrückt: für die Wärme, die in einer von angeblichen wirtschaftlichen Sachzwängen dominierten Welt schmerzlich fehlt.

Das Kunst- und Kulturverständnis der Adressat/innen, des Publikums der öffentlichkeitswirksamen Kulturbeschäftigung mit dem Namen Sponsoring, teilen fraglos dieses Kunstverständnis, sonst könnte Sponsoring ja nicht seine Wirkung tun – was im Übrigen recht mangelhaft erforscht ist.

Ich bin nicht der Meinung, dass „Kultur" per se ethischer oder „wärmer" sei als „Wirtschaft" oder „Politik". Es kommt schon auf die jeweilige Praxis an. Ob die gegenwärtige Praxis dieser drei Lebensbereiche von unterschiedlicher ethischer Qualität ist, das zu beurteilen überlasse ich gern der Leserin und dem Leser.

Doch wie funktioniert Kultur als Ausrede? Wofür werden die Ablenkmanöver gebraucht?

Lassen Sie mich Beispiele aus der Politik bringen, die mir weitaus zugänglicher ist als die Wirtschaft – letztlich kommt es angesichts der Antriebskräfte innerhalb der Politik auf dasselbe heraus.

Ein Zitat der EU: Europa:

> „Europa, ein wunderschöner Kontinent mit einer faszinierenden Geschichte, hat viele der weltweit bedeutendsten Wissenschaftler, Erfinder, Künstler, Komponisten und Sportler hervorgebracht.
> Jahrhundertelang herrschten in Europa Krieg und Teilung. Doch in den letzten 50 Jahren haben die Länder dieses geschichtsträchtigen Kontinents zu Frieden, Freundschaft und Einheit gefunden. Seitdem setzen sie sich für ein besseres Europa und eine bessere Welt ein."[1]

Macht das die Politik der EU aus? Lässt die sich nicht etwas wirklichkeitsnäher beschreiben, ohne hässlich zu wirken? Warum fällt den Autor/innen z.B. nicht ein zu schreiben, dass Lebensmittelknappheit in den EU-Ländern kein Thema mehr ist? Dass weit mehr Menschen eine weit bessere Bildung erhalten als früher? Wahrscheinlich, weil den Autor/innen so und so viele Politikbereiche einfallen, in denen die EU nicht ausschließlich in positiven Begriffen zu beschreiben wäre. In der Imagepflege muss offenbar alles glitzern, egal wie schwindelig dieser Glanz ist.

Je stärker neben den spürbaren Wohltaten die negativen Auswirkungen der Politik in Erscheinung treten, desto intensiver wird imagebesorgtes Kultur-Gerede praktiziert.

Ich will das im Übrigen keinesfalls nur für die EU behaupten, ganz und gar nicht. Die EU produziert nur die herrlichsten Formulierungen, weshalb sie mir hier als Ausrede-Sünderin par excellence dient.

Lassen Sie mich deshalb noch einen relativ aktuellen Satz zitieren, leider auch von der EU-Kommission:

„Kultur ist die Seele der menschlichen Entwicklung und Zivilisation"

Mit diesem Satz beginnt die „Mitteilung der EU-Kommission über eine europäische Kulturagenda im Zeichen der Globalisierung" vom 10. Mai 2007. Ich will mich dazu gar nicht länger auslassen sondern auf Gerald Raunig verweisen, etliche Jahre vor mir Obmann der IG Kultur Österreich, der hier zum Thema „Gegenkulturen" zu Wort kommt. Er hat einen äußerst griffigen Text geschrieben: „Die falsche Sanftmut der Kultur", zu finden auf der Homepage und in der Zeitschrift der IG Kultur Österreich, in den Kulturrissen.

Zusammenfassend für das Thema „Ausrede" möchte ich sagen, dass es wohl auch für die Wirtschaft und somit für das Kultursponsoring durch Wirtschaftsbetriebe gilt, dass die grellsten Blüten und das intensivste Glitzern dort zutage tritt, wo die Not am größten ist.

Und damit zurück zum Sponsoring.

Sponsoring ist in meinen Augen ein überbewertetes Thema in der öffentlichen Auseinandersetzung um Kultur.

Die Sponsoren, die etwas versprechen, wie der lateinische Wortursprung „spondere" sagt, halten ihr Versprechen nicht unbedingt. Sobald sie ihr Geld meinen besser einsetzen zu können oder zu müssen, sind die Versprechen vergessen und gebrochen. Das haben auch schon renommierte, zum Sponsoring wie geschaffene Kultureinrichtungen wie die Salzburger Festspiele erfahren.

„Sponsoring taugt normalerweise nicht für das Notwendigste in der Kulturarbeit: nämlich dass die Strukturen, dass die professionelle Arbeit, die von Kulturschaffenden und Kulturarbeiter/innen geleistet wird, angemessen dem professionellen Level bezahlt wird. Dazu taugt eher (wenn auch eingeschränkt) die öffentliche Hand, mit der ein langfristiges Aushandeln bislang besser möglich war als mit privaten Sponsoren."

„So wie im Augenblick der Staat den Finanzdienstleistungssektor stützt, so ist es notwendig, den österreichischen Bundesmuseen die wegbrechenden Sponsorenleistungen zu kompensieren", forderte die Direktorenkonferenz der Bundesmuseen Anfang November 2008 in einer Presseaussendung. Also gerade dann, wenn dem Staat große Lasten aufgebürdet werden, springen nicht Sponsoren ein, nein, die verabschieden sich gleichzeitig bzw. schon vorher. Und das von einem ziemlich niedrigen Niveau des Sponsorings.

So kann die in Österreich wahrscheinlich erfolgreichste Sponsorenpflegerin, Agnes Husslein-Arco von der Österreichischen Galerie Belvedere, nicht mehr als 10 Prozent ihres Budgets über Sponsoren aufbringen. Man kann also nicht einmal von der Butter auf dem Brot sprechen. Rolf Schwendter, der ursprünglich ebenfalls zum Podium „Gegenkulturen" im Rahmen dieser Veranstaltung eingeladen war, hat das Verhältnis von Aufwand und Ertrag beim Aufspüren möglicher Sponsor/innen so beschrieben: Was wir da finden, ist bestenfalls Stoff für die Bühne, für unser nächstes Kabarett. Die Zeit wäre mit Taxifahren besser genützt.

Es bleibt die Kulturförderung somit eine Aufgabe des Staates. Doch auch für die Repräsentant/innen unserer Kulturnation ist Kultur einerseits Pflichtprogramm, andererseits Ausrede. Kultur kommt z.B. in Regierungsverhandlungen immer unter „ferner liefen". Der Hinweis des Rektors der Universität für angewandte Kunst Wien, dass ein Landwirtschaftsministerium offenbar nie in Frage gestellt wird, obschon in diesem Feld wesentlich weniger Menschen beschäftigt sind als in der Kultur, illustriert eine Facette des Problems.

„It's the economy, stupid", sagte Bill Clinton; er gebrauchte insofern keine Ausreden.

Die IG Kultur Österreich fordert, wie schon zuletzt, ein Ministerium für Kunst, Kultur und Medien.

Nach diesem kleinen Schlenker zur Realpolitik komme ich zum Thema zurück. Ich will mich keineswegs gegen das Sponsoring aussprechen, im Gegenteil. Sponsoring hat auch für die Arbeit von lokalen und regionalen Kulturinitiativen eine nicht zu unterschätzende Bedeutung. Wenn Sie Zahlen wünschen, so kann ich gern mit solchen aus der Peripherie, aus Vorarlberg, aufwarten, wo ich Daten erhoben habe:

Die Kulturinitiativen in Vorarlberg (und die Daten sind leider nicht ohne weiteres auf andere Bundesländer übertragbar – schon für Tirol darf man keine Analogieschlüsse ziehen) erwirtschaften 40 Prozent ihrer Geldeinkünfte selbst (60 Prozent stammen aus Subventionen der öffentlichen Hand). Von den selbst erwirtschafteten Beträgen stammen immerhin 17 Prozent aus Sponsoring (2005). Es handelt sich also um ca. 6,8 Prozent des Gesamtbudgets.

Dabei machen Geldzuwendungen nur einen Teil des gesamten Sponsorings aus. Nicht wenig wird in Sachleistungen und Materialien gesponsert. Welchen Geldwert diese Sachleistungen hätten, kann ich nicht beziffern. Doch gerade in der Peripherie, wo regionale Verankerung und Verantwortungsbewusstsein (SCR) eine Rolle spielen, kann Sponsoring gut und stetig funktionieren; dagegen ist sicher nichts einzuwenden. Das ist ein wichtiger Bestandteil einer integrierten Gesellschaft.

Ich verliere nur sehr schnell die Geduld, wenn gejammert wird, dass Sponsorgelder von der Steuer absetzbar sein müssten - warum eigentlich? Auch sonst kann sich niemand aussuchen, wofür er oder sie Steuern zahlt. Spenden an Forschungseinrichtungen (und dazu gehören ja z.B. alle Bundesmuseen und vieles mehr) sind ohnehin im Besitz eines „Steuerbegünstigungsbescheids". Wer den Kauf von z.B. Werken der bildenden Kunst von der Steuer absetzbar machen will, tut nichts anderes, als Geld von unten nach oben zu verteilen und auf Steuergelder zu verzichten, die ja gerade von der Kultur dringend gebraucht werden.

Wirtschaftsunternehmen, die Kultursponsoring betreiben wollen, sind ebenso wie Kultureinrichtungen, die gesponsert werden wollen, dazu aufgerufen, ihre gemeinsamen Projekte so gut zu entwickeln, dass auch die Steuer keine gröberen Probleme darstellt. Normalerweise sind sie dazu auch in der Lage. Es darf ruhig geschäftsmäßig gedacht werden, Leistung und Gegenleistung.

Mäzenatentum finde ich im Vergleich weitaus schauriger; da kommt Hierarchie ins Spiel, da sind Gestaltungswünsche der Geldgeber für die kulturellen Inhalte da.

Kulturschaffende und Künstler/innen haben oft Mühe, ihren Lebensunterhalt mit ihrer Arbeit zu erwirtschaften. Sie könnten insofern ein Mehr an Aufträgen gut gebrauchen, auch von Wirtschaftsbetrieben. Den Merger von ASEA und Brown-Boveri haben freie Theaterschaffende mit betreut, damit zwei völlig unterschiedliche Unternehmenskulturen zusammenwachsen konnten. Kulturschaffende betreiben durch ihre ureigenste Arbeit „Standortsicherung", und klug geführte Unternehmen am jeweiligen Standort erkennen dies und bezahlen dafür – es ist ein schlichtes Geschäft. Nach Verkehrsanbindung und Bildungsmöglichkeiten ist die Frage des kulturellen Angebots die wichtigste für eine Niederlassungsentscheidung von Wirtschaftstreibenden, hat eine amerikanische Universität erhoben (zitiert in der EU-Studie „Economy in Culture" vom Oktober 2006).

Kultursponsoring hingegen als Faktor der reinen Imagepflege, um z.B. dunkle Flecken auf einer weiß zu tragenden Weste zum Verschwinden zu bringen, funktioniert wohl nur kurzfristig und kaum in Zeiten mangelhafter Liquidität der Banken.

Erzwungenes Sponsoring wiederum ist Betrug an der Steuerzahler/in. Das kommt nicht nur so offen vor wie im gesetzlich geregelten Fall der Sportförderung der Österreichischen Lotterien. Eine Stadt richtet ein Festival aus und widmet dem einen bestimmten Betrag aus ihrem Budget. Andere Gebietskörperschaften schließen sich an und subventionieren ebenfalls.

In der Bilanz will man gerne Sponsoreinnahmen aufscheinen lassen – doch woher nehmen in wirtschaftlich unsicheren Zeiten, wenn die Geldbeutel zugeknöpft sind? Ganz einfach, schließlich betreiben unsere Städte und Gemeinden Wirtschaftsunternehmen im großen Stil. In deren Gremien sitzen verdiente Persönlichkeiten aus der Politik, die wissen, was von ihnen erwartet wird. Und so sponsern die Stadtsparkassen, die Stadtwerke, die städtische Versicherung, die stadteigene Werbefirma etc. Wer das positiv sehen will, spricht nicht von Betrug an der Steuerzahlerin, sondern von Gewinnen, die in die Kultur umgeschichtet werden, in einer Höhe, die über das reguläre Budget „nicht möglich" wäre. Doch warum die Sache als Sponsoring verbrämen? Warum nicht die Einnahmen aus den Betrieben ins Budget der Stadt buchen und daraus entsprechende Kultursubventionen zur Verfügung stellen?

So, denke ich, funktioniert Sponsoring zum Teil als recht windiges Feigenblatt für mangelnde Ethik in Wirtschaftsunternehmen und in öffentlichen Gebietskörperschaften. Sponsoring, das auf gegenseitiger Wertschätzung oder schlicht auf Leistungsaustausch basiert, bricht auch in Zeiten wie diesen nicht so einfach weg. Doch leben können davon weder Bundesmuseen noch Kulturinitiativen.

Anmerkung

1 Lese-Ecke für Jugendliche auf dem EU-Portal; http://ec.europa.eu/publications/young/index_de.htm

Agnes Husslein-Arco

Sponsoring und Marketing sind unverzichtbar

Aus meinem Lebenslauf haben Sie ja vielleicht schon ein bisschen realisiert, dass die ersten 20 Jahre meines Berufslebens sehr stark mit der Wirtschaft verbunden waren. Und ich kann mich noch erinnern – ich bin Kunsthistorikerin, ich habe Kunstgeschichte studiert –, mir war dieses Studium allein zu trocken; nie gab es damals, zu meiner Zeit, den Kontakt mit dem Objekt, mit dem Künstler, mit dem Sammler. Und da begann ich schon ganz früh neben dem Studium im Dorotheum zu arbeiten, um einmal auch einen Bezug zum Sammler selber, zum Objekt zu bekommen. Ich habe mich dann entschlossen, nicht in ein Museum zu gehen, so wie das alle meine Kollegen gemacht haben, sondern in das Auktionswesen. Für die war das furchtbar, gerade dass sie sich nicht umgedreht haben und in eine andere Richtung gegangen sind: „Wie kann eine Kunsthistorikerin so etwas machen ...?" Heute, dreißig Jahre – oder zumindest einige Jahre – später, ist es das Normalste auf der Welt. Es gibt Kurse in den Auktionshäusern, mit dem Handel; es gibt Studien, die sich sehr wohl damit auseinandersetzen.

Ich habe, wie gesagt, 20 Jahre Sotheby's gemacht, und in diesen 20 Jahren habe ich zehn Jahre für das Guggenheim Museum gearbeitet. Und das hat mich natürlich sehr geprägt, weil ich – vor allem auch im Guggenheim Museum – gelernt habe, wie amerikanische Museen, die überhaupt kein Geld bekommen, ihr Geld eintreiben müssen. Und wie erfinderisch sie sind, welchen großen Stellenwert das hat, wie weit das gefächert ist, wie fantasievoll das ist, wie das die Leute motiviert. Und natürlich auf der anderen Seite, bei Sotheby's, habe ich die Sammler auf der ganzen Welt kennengelernt, habe gesehen, wie dieses Netzwerk funktioniert.

Ich hatte dann genug von diesem Leben. Denn irgendwo schlägt das Herz der Kunsthistorikerin doch weiter, und ich wollte auch meine Erfahrungen einbringen. Als ich dann in Salzburg Direktorin wurde, gab es einen Aufschrei. Was ich damit sagen will? In Amerika ist es das Normalste der Welt, dass Leute von Auktionshäusern wichtige Positionen in den Museen bekommen – Scott Schaefer war ein Old Master Curator bei Sotheby's, ist jetzt der Leiter von Getty – und vice versa. In Österreich darf so etwas natürlich überhaupt nicht sein, und mir wurde auch einmal gleich die Kompetenz abgesprochen; aber solche Dinge fordern mich ja heraus. Und da hatte ich zunächst einmal die Erfahrung in der Provinz, also in Salzburg, das ja ein eigenes Pflaster ist. Dort gibt es durchaus gutes Sponsoring für die Musik. Wie man überhaupt sagen muss, dass in Österreich die Musik – wenn schon Kultursponsoring – einen höheren Stellenwert hat. Langsam wird es ein bisschen besser, aber in Salzburg hat das ursprünglich alles dominiert. Und da muss man halt sehr erfinderisch sein und sehr viel Kraft und Energie hineinsetzen. Und ich war durchaus erfolgreich; ich habe einige Leute gefunden, die uns unterstützt haben. Meine Prämisse ist allerdings immer, dass es einen Mehrwert haben muss für alle Beteiligten. Das ist keine Einbahnstraße. Manche haben viel Geld – ein Industrieunternehmen oder eine Bank – und stellen sich vor, sie müssen uns jetzt Geld geben, das ist ihre Verantwortung; aber das war's schon. So funktioniert das nicht. Man muss versuchen, jemanden zu finden, der wirklich ein Partner ist, mit dem man Dinge teilt, wo es Wechselbeziehungen gibt, wo man Strategien entwickelt, die für das Haus selbst sind – trotzdem muss es natürlich mit einer hohen Sensibilität geschehen, es darf mein Programm oder das Haus überhaupt nicht beeinflussen. Und das impliziert, dass man sich wirklich umschauen muss, wer zu einem passen könnte. In Österreich ist es so: Wenn man einmal einen neuen Sponsor findet, dann stürzen sich gleich alle anderen in der gleichen Sekunde auch noch auf den armen Menschen. In Österreich gibt es ja eine durchaus lebendige Wirtschaft, auch viele kleinere Unternehmen – man muss ja nicht gleich mit den Riesenwerken beginnen, Sponsoring soll ja auch einen Marketingeffekt haben, es soll ja auch zusätzlich neue Schichten finden, neue Gruppen; also es gibt viele Aspekte, die da zu beurteilen sind.

Wenn wir uns jetzt das Belvedere anschauen, das ist es natürlich um eine Spur leichter, Sponsoren zu finden. Anfangs allerdings auch wieder nicht, denn das Belvedere war irgendwie in Vergessenheit geraten bzw. nicht so im Blickpunkt, wie es sein sollte; es ist ja wirklich ein Kulturjuwel und *das* Museum für österreichische Kunst. Jedenfalls hat man doch eine gute – wenn ich das so salopp formulieren darf – Manövriermasse.

Als ich begonnen habe, gab es allerdings nur *eine* Person für Marketing, Presse und Sponsoring. Der arme Teufel, der war mehr als überfordert. Mittlerweile habe ich sechs Leute, und das ist auch zu wenig. Wobei ich sagen muss: Ich muss das anführen. Das sind wunderbar talentierte Leute, aber am Ende des Tages kommen die Anstöße, die Kontakte, die Ideen, die Visionen von mir. Und deshalb ist es so wahnsinnig wichtig, dass die Direktoren, die Direktorinnen, die Kulturinstitutsvorsteher heutzutage dafür Sensibilität haben, vernetzt sind und auch bereit sind – denn die meisten sind natürlich Kunsthistoriker –, sich mit diesem Terrain zu beschäftigen. Was mich sehr stört und was ich auch schade finde bei Unternehmen, ist, dass – und das hat immens zugenommen, die letzten 15 Jahre – jedes Unternehmen eine Marketingagentur hat, und diese Marketingmenschen kommen dann auf die Idee, irgendwelche Events zu machen, aber im Grunde genommen haben sie keine Ahnung. Und wenn das nicht profund und überlegt gemacht ist, bringt es überhaupt nichts. Und sie haben auch eigentlich keine Ideen und kupfern die Dinge immer wieder ab. Also, das stört mich sehr. Ich finde oft, dass die Direktoren von Unternehmen und Präsidenten usw. es sich zur Chefsache machen sollten, auch diese Sponsoringagenten gut zu instruieren. Es kann ja auch ein Mehrwert für ihr Haus, für ihr Unternehmen sein. Das kann ja sehr subtil, sehr raffiniert gemacht werden, und es betrifft auch die Firmen, die Mitarbeiter – das ist ja ein weitreichendes Netz. Das bedeutet aber wiederum, dass von beiden Seiten Zeit, Energie und Gehirnschmalz in das Ganze investiert werden muss.

Das Belvedere hat einen hohen Eigendeckungsgrad. Wir haben fast 60 Prozent Eigendeckung, was sehr hoch ist. Davon sind im Moment, was nicht so hoch ist, 10 Prozent Sponsorgelder. Aber wir geben gleichzeitig – das ist wieder das andere – 12 Prozent für Marketingmaßnahmen aus; also da ist *room for improvement*, muss man sagen.

Jetzt zur Wirtschaftskrise selbst; ich habe ja schon einige mitgemacht, zwar eher auf der anderen Seite. Ja, manche werden es ein bisschen schwerer haben. Aber es gibt so viele Unternehmen, die sich noch nicht mit Kultur beschäftigt haben, dass man forciert sein wird, neue Gruppen anzusprechen. Jede Krise hat ihre Gewinner, muss man auch sagen. Was wahrscheinlich grundsätzlich den Museen entgegenkommt, ist, dass das Interesse für Kunst und Kultur schon wesentlich größer geworden ist. Die Sensibilität ist größer, weil auch die Aktivitäten der Museen – Marketing, die Präsenz und auch der Kampf manchmal zwischen uns – doch viele Leute interessierten. Es ist eine lebendige Museumslandschaft, aber einen Status wie in Amerika hat es natürlich nicht, wo es völlig selbstverständlich ist, dass man ein Museum unterstützt, dass man in einem Mitgliedsverein ist, dass man etwas unternimmt, dass man schon mit seinen Kindern ins Museum geht, dass man selbst einen Beitrag leistet und natürlich – was uns ganz wehtut, hier in Österreich, und das muss passieren – die steuerliche Absetzbarkeit. Das ist wirklich ein Problem. Vor allem für Privatleute ist das ein extremes Problem, denn man kann zwar einen kleinen Teil – 10 Prozent des versteuerten Jahreseinkommens – absetzen, das wissen die Leute auch zu wenig. Aber für uns ist es ja auch nicht so, dass wir immer nur *Geld* haben wollen. Für mich zum Beispiel: Wir machen sehr, sehr viel mit Sachsponsoring. Das ist ein wirklich großer Teil, wo man ganz große Kooperationen machen kann. Also, es ist ein sehr vielseitiges, weitverzweigtes Terrain, aber die Fantasie ist gefragt, auf unserer Seite. Aber auf der anderen Seite muss man schon sagen, dass auch die Firmen gefordert sein sollten, das Sponsoring in ihre Corporate Identity aufzunehmen, auf eine profunde Art und Weise.

Wilfried Seipel

Kultur ist keine Ausrede

Ich fürchte, ich falle ein bisschen aus dem Rahmen, weil ich mich kaum mit dem Sponsoring auseinandersetzen möchte, sondern ein paar grundsätzliche Dinge und vor allem auch Kritikpunkte anbringen möchte, die das offensichtlich bestehende Harmoniebedürfnis wieder in die Konfliktsituation bringen könnten. Ich gebe zu, dass mir die Ansage des heutigen Vormittags, die Frage also – oder Feststellung – „Kultur als Ausrede" von Beginn an Schwierigkeiten bereitet hat, verbinden doch die meisten der hier Anwesenden mit dem Begriff der Ausrede etwa schulische Erfahrungen oder Erinnerungen, wenn es etwa darum ging, mit hochrotem Kopf dem Lehrer zu erklären bzw. eine Ausrede zu finden, warum man wieder einmal keine Zeit gehabt hätte, die Vokabeln zu lernen; oder einige Jahre später seiner Angebeteten zu begründen, warum man einmal mehr zu spät zur Verabredung gekommen sei. Oder, uns allen bekannt, wenn man einem Streifenpolizisten erklären muss, warum man schneller unterwegs gewesen sei, als die Polizei erlaubt. Dass in diesem letzten Fall die Kultur ganz gut als Ausrede eingesetzt werden könnte – man wollte eben nicht zu spät zur Ausstellungseröffnung ins Kunsthistorische Museum oder zur Festspielpremiere nach Salzburg kommen –, ist naheliegend, aber wohl in diesem Zusammenhang nicht ernst gemeint.

In all diesen Fällen ist die Ausrede ja nichts anderes als der Versuch, ein bestimmtes Fehlverhalten, eine Nachlässigkeit, ein Ausscheren aus der Verhaltensnorm zu kaschieren, zu entschärfen, zu entschuldigen. Der Inhalt, das Konstrukt der Ausrede, versucht gleichsam einen Ersatz, eine Gegenwelt zu setzen, die das Geschehene, die Verletzung der zugrunde gelegten Norm bzw. die Unterlassung entschuldigen. Doch dafür eignet sich die Kultur in keiner Weise. Trotz der gestern von Rainer Langhans in seiner postmodernen Deutung des Pfingstwunders als Gleichnis für die Macht des Geistes – und der daraus resultierenden, die 68er in Manier einer Pfingstgemeinde erfüllenden Glückseligkeit – geschilderten schrankenlosen Befreiung des Menschen von seiner schicksalhaften Verkettung mit den Zwängen der Kultur bleibt diese, zumindest für mich, im weitesten Sinn ein das gesellschaftliche Zusammenleben – besser noch, den gesellschaftlichen Konsens – mit allen ihren daraus resultierenden Konflikten konstituierendes Grundelement, dessen Negation oder Vernichtung oder Absage von so manchen zwar offensichtlich gewünscht wurde, es aber – so könnte ich als Replik auf Bazon Brock sagen – dank dem Heiligen Geist, den er gestern vergessen hatte, dazu aber so lange nicht kommen wird, solange unsere Welt nicht ganz der Dummheit, Ignoranz oder mythenlosen Märchenerzählern ausgeliefert ist. Oder aber, und ich kehre zum eigentlichen Thema zurück, solange die Kultur – und ich verstehe sie hier im weitesten Sinn als ein alle Lebensbereiche des Menschen bestimmendes sinnstiftendes Fluidum unserer Welt – nicht jenen Ideologien und kulturellen Triebtätern zum Opfer fällt, die zum Beispiel Moscheen und Kirchen in Museen umwandeln; einerseits, um, wie wir gestern gehört haben, entweder das Konfliktpotenzial auszuschalten – die Hagia Sophia nicht als Moschee, nicht als Kirche, sondern als Museum – oder um, wie in der ehemaligen DDR, kulturellen Handlungen und Haltungen den Platzverweis zu erteilen und ebenfalls aus religiösen Veranstaltungsstätten, Kirchen, neutrale Museen zu formen.

Versteht sich also Kultur weiterhin als ein unser Dasein und dessen Sinnhaftigkeit konstituierendes Element, so kann sie niemals als Ausrede, als Ersatz, als Platzhalter gesellschaftlicher Verhaltensnormen dienen. Sie ist eine durch nichts zu ersetzende Grundlage, das Fundament unseres Selbstverständnisses im weitesten Sinn. Weltanschauung, Religion, Kunst und Musik, Literatur und Theater, Moral und Sozialverhalten, Mitleid und Gerechtigkeit und so weiter bilden auf verschiedensten Ebenen jenen breit gefächerten Kulturbegriff, ohne dessen Akzeptanz unsere Welt zum Albtraum werden würde.

So könnte ich also mit der apodiktischen Feststellung schließen, dass Kultur eben nicht eine Ausrede sein kann. Und sie weder ersetzbar noch Ersatz sein kann. Doch so einfach wollte ich es weder mir noch Ihnen machen, und so lassen Sie mich nochmals zum Begriff der Ausrede zurückkehren, allerdings auf die Kultur bezogen diesmal mit umgekehrten Vorzeichen. Die Ausrede, warum es die Förderung von Kultur, von Kunst, Musik, Literatur, Museen nicht oder nur in weitaus unzureichendem Ausmaße gibt, vor allem vonseiten der öffentlichen Hand. Denn warum Kultur – hier pragmatischer Sammelbegriff, verwendet für alle kulturellen Institutionen, Veranstaltungen, Projekte, Publikationen und so weiter, aber auch für kulturelle Initiativen, Visionen, Konzepte –, warum also Kultur nicht oder nur unzureichend gefördert stattfindet oder stattfinden kann, das wird mit zahlreichen, uns allen bekannten und nicht immer bewussten Ausreden verbrämt. Meistens sind diese Ausreden jedoch von unterschiedlicher Gewichtung bzw. je nach Ausredenträger von unterschiedlicher Niveaulosigkeit. Beginnen wir ganz zeitnah und exemplarisch mit einem Hinweis auf die augenblicklich geführten Koalitionsverhandlungen bzw. auf die bereits durchsickernden Koalitionsvereinbarungen in Hinsicht auf Kultur. Das von den Medien, vor allem vom ORF, so gelobte, unglaublich tiefschürfende Zehn-Fragen-Paket des einen zukünftigen Koalitionspartners – man erinnert sich an die Zehn Gebote des Moses – enthält in keiner Zeile, weder in Klammer noch als Fußnote, das Wort „Kultur"; von „Kunst", „Bildung", „Forschung", „Wissenschaft" natürlich ganz zu schweigen.

Ist Ihnen bekannt, ob es neben Arbeitsgruppen Finanzen, Landwirtschaft, Wirtschaft, Steuer, Pension etc. auch eine Arbeitsgruppe Kultur gibt oder gegeben hat? Die durchsickernde Feststellung aus der Koalitionsvereinbarung der Zukunft, dass der Tourismusstandort Österreich weiterhin gefestigt werden müsse, umfasst in diesem Zusammenhang auch einen Hinweis auf das Schloss Schönbrunn, das im Augenblick bekanntlich unter massivem Besucherschwund leidet. Mit welchen Ausreden argumentieren die verantwortlichen Politiker – und Kulturpolitiker gibt es in diesem Lande seit Erhard Busek nicht mehr – etwa auch dafür, dass im letzten, letztlich gescheiterten Koalitionsabkommen ganze vier Zeilen der Kultur gewidmet waren, unter anderem für die Schaffung eines ephemeren oder *virtuellen*, völlig unnötigen Habsburgermuseums für das Haus der Geschichte, das jetzt offensichtlich von der früheren Gründerin des Kindermuseums ZOOM umgesetzt werden soll.

Oder ist Ihnen in den Wahlkämpfen der letzen Jahre auch nur ein Werbeslogan auch nur einer wahlwerbenden Partei mit kultureller Zielsetzung untergekommen? Die Ausrede, dass dies so ist, wie es ist, wird Ihnen jeder Politiker – egal welcher Couleur – wie aus der Pistole geschossen und ohne zu erröten mitteilen können: Kultur bringt keine einzige Wiener Stimme. Und wenn, in einem zu vernachlässigenden Umfang.

„Kultur, Herr Direktor, Kultur brauchen wir nicht", wurde mir einmal mitgeteilt, bevor die Kultur von einer Koalitionspartei zur anderen wechselte. Dass es nach Abgang der Kultursprecher der bisherigen und offensichtlich zukünftigen Koalitionspartner noch keine Ersatzbenennungen gibt, zeigt einmal mehr den politischen Stellenwert der Kultur im Parteiengefüge. Im zahlenmäßig überbordenden, je nach Wahlergebnis der Nationalratswahl zusammengesetzten 35-köpfigen Stiftungsrat des ORF, dem eigentlich bedeutendsten Kulturmedium des Landes, sitzt kein einziger kulturaffiner Vertreter oder Vertreterin. Die Ignoranz der Österreich-Werbung gegenüber kulturellen Inhalten in ihren viele Millionen schweren Maßnahmen ist sprichwörtlich, was umso unverständlicher ist, als die Kultur immerhin als Quotenträger zumindest für den Tourismus allgemein anerkannt wird. Ganz anderes etwa als bei der Wien-Werbung im Wien-Tourismus, die das sehr wohl erkannt hat. Dass eine Anhebung des Kulturbudgets noch gegen Ende der letzten Regierung vom Finanzminister abgelehnt wurde – mit dem Hinweis, dass die Kultur mit Sicherheit noch mehr erwirtschaften und eigenständige Zuwächse erzielen könnte, sich also praktisch an den eigenen Haaren aus dem öffentlichen Sumpf der Vernachlässigung hinaufzuziehen hätte –, bringt mich nun zu einer weiteren Ausrede, die ganz brandaktuell ist, das ist die augenblickliche Finanzlage. Die augenblicklich sich abzeichnende katastrophale Finanzsituation lässt für uns alle das Schlimmste befürchten. Schon jetzt wird den Museumsdirektoren in verschlüsselter, aber leicht entzifferbarer Weise mitgeteilt, dass mit einer Anhebung unserer Budgets in nächster Zeit nicht zu rechnen sei. Eine gefährliche Drohung auch für unzählige kleinere, aber auch größere und große Kulturträger. Und dies, obwohl der Kultur – und wir wissen das alle – ein lächerlich geringer Anteil am Gesamtbudget des Bundes und auch der Länder zukommt; eine Einsparung in diesem Bereich zwar unermesslichen Schaden in den Kulturinstitutionen anrichten würde, gesamtbudgetär jedoch so gut wie nicht ins Gewicht fallen würde. Ich versage mir hier einmal mehr den Hinweis auf die Umwegrentabilität, die Wertschöpfung der Kunst und Kultur, die etwa im Jahr 2006 allein bei den Bundesmuseen rund 200 Mio. Euro umfasst hat, davon allein 50 Mio. Kunsthistorisches Museum, das vom Bund im selben Jahr aber nur 18 Mio. bekommen hat. Auch hier ist die politische Gewichtung der Kultur, die etwa als zu leicht empfunden durch den Rost der politischen Entscheidungsträger im wahrsten Sinne des Wortes fallen gelassen wird, sprichwörtlich.

Lassen Sie mich zum Abschied auch, da wir einen sehr wichtigen Vertreter der Österreichischen Lotterien und Casinos Austria vor uns haben, Herrn Dr. Stoss, ein Lieblingsthema kurz anstreifen: die in Österreich nach wie vor nicht wahrgenommene Möglichkeit der Förderung der Kultur durch Erträge der Lotto Toto- bzw. Casinogesellschaft. Die von fast allen Medien gerade in den letzten Tagen gegebenen Hinweise, dass in der augenblicklichen Krisenzeit nur *ein* Wirtschaftsunternehmen Zuwächse zu verzeichnen hat, beziehen sich auf die gewaltig gesteigerte Spiellust der Österreicher im Augenblick; ein typisches Phänomen der Krisenzeiten. Ich bin überzeugt, der Herr Dr. Stoss wird dies bestätigen können. Abgesehen von den sehr wettbewerbsfeindlichen und monopolen Gesetzgebungen im Glücksspielgesetz der Österreichischen Lotterien wird auch aus ganz partikularen Interessen als Rechtfertigung – sozusagen als Ausrede für die nichtgegebene Bereitschaft, die Kultur mit Erträgen der Lottogesellschaft zu unterstützen – der Finanzminister genannt, dessen Budget durch Einnahmen und den gesetzlich vorgeschriebenen Abgabenbeitrag sicher gewaltig gefördert wird. Dass rund 3 Prozent kraft dieses Lotteriegesetzes an den Sport ausgegeben werden müssen – das sind rund 70 Mio. im Jahr –, sei hier zusätzlich mitgeteilt; allein, ich frage mich, warum die Kultur nach wie vor nichts bekommt. Anders etwa als im Lotto Refund in England, bei den Lotterien in Berlin, in Baden-Württemberg, den Niederladen, wo immer wieder die Kultur durch entsprechende Erträge aus diesen Gewinnen der Lotteriegesellschaft gespeist wird. Das nach jahrelangem Bohren, sowohl von mir als auch von Elisabeth Gehrer durchgesetzte Projekt einer Kulturlotterie zugunsten des Bundesdenkmalschutzes blieb mangels entsprechender Unterstützung vonseiten der Lotterien, die stets gegen eine kulturelle Lotterieausrichtung waren, wenig erfolgreich, und an eine Neuauflage wurde nicht mehr gedacht. Dabei wäre hier zumindest die Möglichkeit gegeben, den zahlreichen Österreicherinnen und Österreichern – und ich zähle mich auch dazu – für kurze Zeit zumindest das schlechte Gewissen zu nehmen, wenn sie wöchentlich hunderte Millionen im Glücksspiel versenken, wenn dieser Einsatz, wenn auch nur zu einem kleinen Teil, der Kultur zugutekommen würde. Ich bin freilich skeptisch, dass ein zukünftiger Finanzminister hier eine Möglichkeit der Kulturförderung unterstützen würde. Ich bin auch skeptisch, dass der Sponsorenerlass, der gerade jetzt einen unabschätzbaren Schaden an den verschiedenen Kultureinrichtungen anrichtet und anrichten wird, wieder zurückgenommen wird, wie das manchmal vorausgesagt wurde. Und ich bin auch skeptisch, dass die seit 1988 bestehende Einschränkung der Höhe der absetzbaren Sponsorenzuwendungen – Zuwendungen an Museen, Akademien und Universitäten – auf 10 Prozent des vorjährigen steuerpflichtigen Einkommens endlich aufgehoben wird. Aber wahrscheinlich wird sich in den nächsten Jahren sowieso kaum mehr ein potenzieller Sponsor für kulturelle Projekte finden. Eine Tatsache, die ich jetzt schon in meinem Bereich als gegeben ansehen muss. Die Kündigung von Veranstaltungen in den nächsten Jahren aufgrund von finanziellen Engpässen ist eine zu akzeptierende Tatsache. Aber vielleicht könnte hier jedoch jenes eingangs zurückgewiesene Statement, „Kultur als Ausrede", doch einmal greifen, indem der Kultur in tristen Zeiten verstärkt wieder jene kräftigende, um nicht zu sagen belebende Funktion für unser Dasein zugewiesen wird. Gerade in Krisenzeiten, die offensichtlich inzwischen ganz dem Diktat der Börsenberichte und Aktienstürze unterworfen zu sein scheinen, Kultur und Kulturförderung gleichsam als Ausrede gerade dann in den Mittelpunkt zu stellen, wenn die wirtschaftlichen Zwänge bis in die alltäglichen Bereiche einzugreifen drohen. Kultur ist unverzichtbar, selbst in Zeiten der Not, und jedenfalls wichtiger als ein Zweit- oder Drittwagen.

Karl Stoss

Die sehnsuchtsvolle Rückkehr nach Werten, Orientierung und Menschlichkeit

Wenn man sehr früh aufsteht, freut es einen natürlich immer wieder, in die Nähe des Ortes zurückzukommen, wo man auch selbst ein Fundament gelegt hat, nämlich hier an die Universität Innsbruck, wo ich auch studiert habe, und deshalb war es für mich auch ein Leichtes, hier zuzusagen, zwar zu einem Thema, in dem ich natürlich nicht so bewandert bin. Allerdings kann ich durchaus zu einigen Vorwürfen, die mir jetzt der Herr Museumsdirektor gerade als Frühstückskost überreicht hat, Stellung nehmen.

Kultur als Ausrede. Zunächst: Was ist Kultur? Kultur, vom lateinischen Begriff abgeleitet, ist alles, was der Mensch selbst gestaltet und hervorbringt. Und ich glaube, wir kommen wieder sehr stark zu diesen Begriffen zurück; gerade auch in Krisenzeiten erinnert man sich vielleicht auch an Aussagen von griechischen Philosophen. Wie das auch Pythagoras gesagt hat: Der Mensch ist das Maß der Dinge. Und nichts anderes zählt. Das haben wir über Jahrzehnte total vergessen. Und deshalb kann eine Krise wieder etwas sehr Bereinigendes sein, nämlich eine Abkehr auch von dem so hochgepriesenen Neoliberalismus, der ja nur dazu geführt hat, eine reine Shareholder-Value-, Profit- und Bonusgier hervorzurufen. Wir sollten wieder zurückkehren zur alten Sehnsucht nach Werten, nach Orientierung, nach Menschlichkeit. Und das wird in unseren Unternehmungen wahrscheinlich auch der Spagat werden in dieser Zeit. Man kann zwar natürlich Menschlichkeit zu pflegen versuchen, aber es ist besonders hart, wenn man auch in Zeiten wie diesen Mitarbeiterinnen und Mitarbeiter abbauen muss, um selbst zu überleben, um sich selbst über Wasser zu halten. Also die Umgestaltung eines Materials ist auch als Kultur zu verstehen, genauso natürlich auch die thematische Auseinandersetzung in verschiedenster Art und Weise. Und kurz zusammengefasst kann man sagen: Kultur ist nicht nur das Ergebnis einer künstlerischen Tätigkeit, sondern auch – oder vor allem – eine Eigenschaft, eine Haltung, die man an den Tag legt. Und es gibt ja einen sehr weiten Begriff von Kultur, viele Kulturbegriffe, das geht von Unternehmenskultur über Körperkultur bis zur Kunst und Kultur, also es gibt sehr viele Begriffsarten, Begriffsdefinitionen. Und es gibt natürlich auch eine Spielkultur. Jawohl, die gibt es, die gibt es allerdings seit Jahrtausenden, die gibt es nicht erst, seit es Casinos Austria oder Österreichische Lotterien gibt, sondern das haben schon viele unserer Vorfahren tunlichst gepflegt. Und der Direktor Seipel hat hier eine Behauptung aufgestellt, dass gerade in Zeiten wie diesen, wo es schlechter geht, Menschen wieder mehr die Sehnsucht danach haben und der Spielsucht frönen. Nein, das kann ich leider nicht bestätigen, jedenfalls nicht in unseren Unternehmungen; auch wir haben Rückgänge zu verzeichnen, und ich bin darüber sogar glücklich, weil wir in Europa, weil wir in Österreich Menschen haben, die einen Hausverstand haben, dass nämlich in Zeiten, wo es schlechter wird, eher wieder der Spargedanke in den Vordergrund rückt, in Zeiten der Unsicherheit Menschen sagen: „Legen wir lieber etwas auf die Seite, wir wissen noch nicht genau, wie sich das alles weiterentwickeln wird." Das ist in anderen Kulturkreisen zum Teil völlig anders, wenn wir unsere Kasinos in Lateinamerika oder in Südafrika ansehen; dort ist eine andere Mentalität, eine andere Haltung. Nämlich jene, dass die Menschen dort sagen: „Was ich heute habe, das gebe ich aus, da will ich leben, und morgen ist ein neuer Tag, und dann sehen wir weiter." Das ist eine ganz andere Philosophie, eine ganz andere Kultur, die wir aber bei uns nicht haben. Und glauben Sie, Herr Seipel, dass Menschen, die gekündigt werden, die freigesetzt werden, die zum Beispiel bei Magna in Graz keine Arbeit mehr haben, dass die lieber ins Kasino gehen, um ihre Zeit zu vertreiben? Nein, die müssen froh sein, dass sie überhaupt überleben. Und das Gesparte zusammenhalten. Also das ist bei Gott nicht so, dass Menschen jetzt reihenweise in die Kasinos gehen. Es gibt natürlich so etwas wie einen Kasinokapitalismus. Das ist ganz etwas anderes, das hat nichts mit unseren Spielbetrieben zu tun. Jetzt spüren wir noch nicht so viel. Wir spüren es, dass einzelne Nationen oder Gäste von einzelnen Ländern stärker zurückbleiben oder ausbleiben, die schon etwas länger eine rezessive Erscheinung spüren, nämlich Italiener, Spanier und Engländer; die bleiben etwas stärker aus als früher. In Österreich, in Deutschland ist das, was als Krise bezeichnet wurde, bisher als Finanzkrise gesehen worden, und in der Regel gehen Banker und Versicherer weniger in ein Spielkasino, weil sie das tagtäglich selber auf ihren Bildschirmen haben. Und es gibt sehr viele Verträge – und ich weiß, wovon ich rede, weil ich selber in Banken beschäftigt war –, wo ausdrücklich drinsteht, dass Bankmitarbeiter nicht in ein Spielkasino gehen dürfen. Ich persönlich darf in ein Kasino, ich darf aber nicht spielen. Es ist mein Job, ich muss ja nach meinen Mitarbeitern schauen, aber ich spiele selber nicht. Und dass die Lotteriengesellschaft ein mangelndes Interesse an Kultur pflegt, ist etwas weit ausgeholt, würde ich sagen. Ich kann das dann mit einzelnen Beispielen auch noch unterlegen. *Ausrede?* – das haben Sie sehr schön schon gesagt – ist von alters her die Frage. Was habe ich für Ausflüchte, wo gebe ich vielleicht eine falsche Antwort, wo stelle ich bewusst die Wahrheit etwas in den Hintergrund? Das hat auch etwas damit zu tun, wie das bei uns verwurzelt ist, in unseren Mentalitäten. Ich würde den Titel gern etwas anders nennen, nämlich: „Kultursponsoring als Feigenblatt", weil es ja wahrscheinlich auch auf das hinauslaufen soll, dass gerade sehr viele Unternehmungen in den letzten Jahren sich immer wieder sehr viel für Kunst und Kultur engagiert haben, um natürlich auch den äußeren Schein zu wahren und vielleicht auch von Problemen in den eigenen Unternehmungen etwas abzulenken. Das ist durchaus legitim, das kann durchaus sein, aber ich kann nicht für andere sprechen. Wenn wir das für unsere Unternehmungen anschauen, dann schaut das folgendermaßen aus. Jawohl, Sie haben vollkommen recht, im Glücksspielgesetz – und das Gesetz schreiben übrigens nicht wir, da gibt es Gesetzgeber, all jene, die wir selbst gewählt haben, da müssen Sie jenen auf den Zehen stehen, nicht mir – steht ein Passus, dass die Österreichischen Lotterien von ihren Umsätzen – Sie hören richtig: nicht von ihren Gewinnen – 3 Prozent an den österreichischen Sport, sprich: an die Bundessportorganisation abzuführen haben. Jetzt könnte es auch der Finanzminister selbst einheben, in Form von Steuern und Abgaben, und dann wieder verteilen. Diese Prozesse hat er sich etwas erleichtert, indem er diese Aufgabe den Österreichischen Lotterien direkt übertragen hat. Nichtsdestotrotz bleibt auch dem Finanzminister noch genügend; wir sind immerhin der zweitgrößte Kunde. Es ist nicht so, dass wir uns nur auf die faule Haut legen und möglichst viel abcashen. Ich zahle in etwa 500 Mio. Euro an Steuern und Abgaben, und ich kann dankbar sein, dass ich sehr zurückhaltende Aktionäre habe. Wissen Sie, wir sind ein privatwirtschaftliches Unternehmen, wir gehören nicht dem Staat. Ich habe private Eigentümer, und die haben ein Recht darauf, ihr eingesetztes Kapital entsprechend verzinst wiederzubekommen. Gott sei Dank sind das aber sehr große Eigentümer, nämlich großteils österreichische Banken und Versicherungen, die bisher auch ein anderes Geschäft hatten, wo sie genügend verdient haben. Die haben nicht so stark darauf geachtet und haben deshalb auch keinen Widerspruch gegenüber diesen sehr hohen Sponsoringzahlungen. Aber: Was machen wir? Wir machen schon sehr lange Kultursponsoring. Wenn Sie hier die Ziffern sehen: 40 Jahre Wiener Festwochen unterstützen wir. 28 Jahre Bregenzer Festspiele. 28 Jahre Wiener Staatsoper. Wir unterstützen auch verschiedenste Preise, wie gestern Abend auch die Verleihung des Nestroy-Preises, wo sich viele Politiker im Scheine von Medien und Öffentlichkeit suhlen – auf unsere Kosten, weil wir bezahlen das, im Übrigen. Da wird nur tunlichst vorbeigesehen, das wird natürlich nicht so gerne erwähnt. Wir tun das aber gerne, und wir benutzen das nicht als Ausrede, und wir sehen auch unsere Sponsorleistungen als einen ganz wichtigen gesellschaftspolitischen Beitrag. Wir unterstützen natürlich auch nur so lange, solange es dafür Geld gibt. Solange wir entsprechende Einnahmen haben, solange wir auch entsprechende Erträge erwirtschaften, können wir es uns auch leisten, dafür Geld auszugeben. Wenn die Erträge knapper werden, wenn die Erträge rückläufig sind, dann wird es natürlich zu Kürzungen kommen, und Sie haben vollkommen recht, dass natürlich, wenn solche Entwicklungen, die wir bisher nur im Finanzsystem gespürt haben, im nächsten Jahr, in den nächsten Wochen, in den nächsten Monaten mit einer noch nie gekannten Brutalität auf die Realwirtschaft durchschlagen werden, das Auswirkungen auf jedes Unternehmen haben wird. Und vor allen Dingen wird man dann sehen, wie wir diese Krisen meistern, weil es eine Situation ist, die von uns noch niemand in diesem Ausmaß erlebt hat. Wir sind alle groß geworden in Zeiten von Inflationen und konnten damit umgehen.

Wir engagieren uns aus Überzeugung und nicht wegen Ratings oder entsprechenden Awards, das interessiert uns nicht; natürlich sind auch Unternehmen eitel, natürlich sind Unternehmen auch froh und glücklich, wenn sie irgendwo erwähnt werden, und das ist auch ein gewisser Stolz für die Mitarbeiterinnen und Mitarbeiter, wenn ihre Unternehmen, bei denen sie beschäftigt sind, vorkommen bei verschiedensten Unterstützungen von verschiedensten Kulturprojekten. Und wir betreiben das – Sie haben das vorher an den Ziffern gesehen – seit über 40 Jahren, wo CSR, nämlich „Corporate Social Responsibility" noch niemand richtig schreiben konnte. Wir betreiben das schon sehr lange, weil wir es für einen ganz wichtigen Bestandteil unserer Unternehmensphilosophie halten und damit auch richtig gefahren sind. Die Sonderstellung von Kasinos herausgegriffen, die Sonderstellung am Markt: Eigentlich handeln wir in einem Glücksspielmonopol; wir sind aber nicht der Monopolist. Der Monopolist ist die Republik Österreich. Im Glücksspielgesetz steht, dass sie ihr Monopol weitergeben kann, in Form von Lizenzen und Konzessionen. Das haben wir im Moment. Die werden aber neu europaweit ausgeschrieben, nicht einfach verlängert. Das ist das Erste. Das Zweite ist: Wir haben natürlich längst schon keine monopolartige Situation mehr, weil es einen unglaublichen Wettbewerb gibt; einen unglaublichen Wettbewerb in Form von illegalen und in Form von Internetanbietern. Denn Internet kennt bekannterweise keine nationalen Grenzen. Und wenn ich Ihnen sage, dass allein auf unserer Internetplattform – die legal zugelassen ist, wo wir eine Konzession lösen, wofür wir Steuern und Abgaben bezahlen – 400.000 Menschen spielen, nur in Österreich, dann können Sie sich ausrechnen, wie viele weitere noch in der Anonymität der eigenen vier Wände auf anderen Internetplattformen spielen, die aus anderen Regionen kommen, aus der Karibik in der Regel, aus Gibraltar, aus Malta, wo Konzessionen gelöst werden können, wo natürlich ein Bruchteil an Steuern zu bezahlen ist. Nur am Beispiel Gibraltar: Da zahlen Glücksspielanbieter genau Abgaben von 2,5 Prozent. *Ja, bin ich eigentlich der Trottel?* Ich bin hier in Österreich, zahle hier 500 Mio. Euro Steuern und Abgaben, halte mich an jeden Buchstaben des Gesetzes, unterstütze noch sehr viele Projekte, nicht nur in der Kultur, sondern auch im Sozialen und im Sport, und werde dafür dann noch bestraft, indem ich 50 Prozent an Steuern abzuführen habe. Das kann man natürlich diskutieren, aber das will nun einmal der Gesetzgeber so, und wir haben uns tunlichst daran zu halten. Wir haben auch eine Sonderstellung als touristische Leitbetriebe, weil wir ja auch durch unsere Spielorte Regionen beleben, als Fremdenverkehrseinrichtungen, und weil wir dann in unseren Kasinos sehr oft Ausstellungen organisieren, Ausstellungen unterstützen, die auch etwas mit Kultur zu tun haben, Theater, Chansonveranstaltungen oder verschiedene Konzerte. Und wir haben natürlich eine Sonderstellung durch unsere Aktionärsstruktur, die eben sehr weitreichend ist, die – wie ich schon gesagt habe – Banken und Versicherungen als Eigentümer hat.

Und selbstverständlich bekommen wir für unsere Aktivitäten immer wieder auch Anerkennung, sei es durch den Maecenas, der auch nächste Woche wieder verliehen wird. Wir haben ihn schon zweimal bekommen, den Anerkennungspreis für die Unterstützung eben von verschiedensten Engagements im kulturellen und kulturpolitischen Bereich. Und wir haben auch eigens abgefasste CSR-Berichte, wo alles aufgelistet ist, was wir an Unterstützungsaktivitäten leisten. Den größten Teil, das stimmt, bekommt zuerst einmal der Finanzminister. Einen zweiten großen Teil bekommen Österreichs Sporteinrichtungen. Ich finde das auch unglaublich wichtig und notwendig, wenn man weiß, dass es in organisierten Vereinen etwa 3,5 Mio. Österreicherinnen und Österreicher gibt, die dem Breitensport frönen. Wir unterstützen keine Spitzenmannschaften, wir unterstützen nicht Bayern München, Real Madrid oder Sonstige, wie es andere Wettanbieter tun. Wir unterstützen den österreichischen Breitensport und nichts anderes. Aber wir unterstützen sehr viele soziale Projekte. Wir unterstützen sehr viele karitative Projekte. Und ich kann Ihnen sagen, ich bekomme Dutzende Schreiben jede Woche auf meinen Schreibtisch und muss dann auswählen, wo wir unsere Mittel hinlenken können, und wir haben auch nicht ein unbegrenztes Budget, wir haben leider auch Limits, nämlich: Ich kann nur so viel ausgeben, wie ich auch am Ende des Tages übrig habe und dafür zur Verfügung stellen kann.

Mögliche Motive: Ja, manche sehen das als Umwegrentabilität, manche als Imagepflege, manche als Verpflichtung und manche als Überzeugung. Wenn ich unsere Motive nehme, dann muss man das eigentlich umdrehen. Wir tun das aus tiefster Überzeugung – man könnte jetzt unterstellen: *ja, mit einer gewissen Dödelsteuer, nämlich von all jenen, die einen Lottoschein lösen und dann keinen Sechser bekommen*; die zahlen ja hier effektiv mit an all diesen Leistungen. Ja, das stimmt. Das ist zugegeben so. Aber wenn wir es nicht täten, ist die Frage, wer es sonst tun würde.

Aber, und jetzt bin ich schon bald am Ende, drei zentrale Fragen für die Diskussion, die wir hoffentlich anschließend haben:

Was sind die wichtigsten Beweggründe, warum man überhaupt Kultursponsoring betreibt oder eben Kultur auch in seiner Unternehmensphilosophie verankert hat? Da kommt vielleicht auch etwas zum Tragen, dass Österreich – und vor allen Dingen Wien – auch ein Dorf ist. Das sind ganz enge Netzwerke. Ich habe sehr viele namhafte Vertreterinnen und Vertreter in meinem Aufsichtsrat, und die sagen mir oft, wo ich mein Geld hinlenken soll. Die teilen mich ein und sagen: „Du, ich hab da 500.000 insgesamt an Engagement übernommen, auf dich 100, da 150, da 100 …" Und dann kann ich mich wehren, oder ich kann mich nicht wehren und kann das tunlichst tun.

Und die zweite Frage natürlich auch: Sollen wir überhaupt diese Frage zulassen? Ist Kultursponsoring in dieser Zeit wirklich nur eine Ausrede, oder ist es weit mehr? Und können wir es uns überhaupt leisten, diese Fragen zu stellen?

Und am Schluss die Prämissen, die ich aufstelle: Kultur ist unglaublich wichtig für jedes Land, vor allen Dingen auch für Österreich, das eine so lange Tradition hat, auch in der Kultur, in der kulturpolitischen Ausrichtung und natürlich auch für die Menschen, im Sinne der Sinnstiftung, wie das ja auch mein Vorredner genannt hat. Zweite Prämisse: Die öffentliche Hand kann die Kosten dafür längst nicht mehr alleine tragen; man muss natürlich auch zugeben: Manche Kulturveranstaltungen sind wie Pilze aus dem Boden geschossen. Jeder hat gemeint, er müsse auch noch irgendeinen Kultursommer organisieren. Das muss man auch sagen, da ist ein Wildwuchs entstanden, und man kann sich nicht alle Veranstaltungen gleichzeitig leisten, und die steuerliche Absetzbarkeit, die sehe ich auch schwinden, vor allem, wenn wir so großzügige Politiker und Politikerinnen kriegen, die ja noch vor der Wahl großzügigst Wahlzuckerl verschenkt haben und wahrscheinlich jetzt auch noch weitere ausgeben werden müssen, um nämlich überhaupt die Krise zu meistern. Aber das ist ein anderes Thema.

Als Konklusion: Kultur braucht natürlich private Financiers, sonst funktioniert sehr vieles in diesem Land nicht.

Kapitel 2
Kulturelle Angebote: Zentrum und Peripherie

Hellmuth Matiasek

Einführung des Moderators zu Zentrum und Peripherie

„Linz, das reimt sich auf Provinz" – so konnte Stefan Zweig 1929 noch ungestraft spötteln, aber bereits damals gab es diese „Welt von gestern" schon nicht mehr, die Provinz, die Gegenwelt zur Metropole. Der unbarmherzige Fortschritt als wuchernde Evolution, viel radikaler als jede denkbare Revolution, durch zwei Weltkriege nicht behindert, sondern beschleunigt, hat der Idylle, dem weiten Landstrich mit dem engen Horizont seiner Einwohner, den Garaus gemacht. Ein ganzer unberührter Kontinent, wo nie etwas passierte und auch nichts passieren sollte, ist von den jeweils zeitgemäßen Medien entdeckt, durch neue Verkehrswege und Verkehrsmittel erschlossen und von der Industrie erobert worden.

Heute kommt einem auf der entlegenen Landstraße keine Staubwolke mit einem Ochsenkarren mehr entgegen, sondern die gefährlichen BMWs mit der Miesbacher Nummer; die übrig gebliebenen Großbauern plagen sich nicht hinter der Pflugschar, sondern vor dem PC mit Quotenarithmetik für die Zuschüsse aus Brüssel. Urbanisierung hat eingesetzt.

Aus den Agrarländern wurden aber nicht nur Industrieländer, auch die Kultur mit allen ihren Verzweigungen hat Einzug in die bisher von ihr nicht befallenen Gebiete gehalten:

Auf den letzten freien Grundstücken am Ortsrand wurden Mehrzweckhallen errichtet. Sie sollten sich gleichermaßen für Pingpong-Turniere, Faschingsbälle und Operngastspiele eignen und mussten später daher dreimal umgebaut werden. Es laufen auch Ausstellungen in den Räumen der Sparkassen, die mäzenatisch die Landschaftsbilder eines einheimischen Malers angekauft haben. Und überall, wo sich eine Steintreppe, Domfassade, eine Waldlichtung oder Ligusterhecke, ein morsches Burggemäuer oder insektenfreies Seeufer anbieten, gibt es Festspiele – inzwischen in Hundertschaften etabliert. Kabel- und DSL-Netze haben die sich überbordenden Leitmedien TV und Internet geradezu aggressiv ins Land geschossen, und das letzte sogenannte „Tal der Ahnungslosen" ist mit der DDR untergegangen.

Ironie beiseite – Kultur in der Region, der unmittelbare Zugang der Bevölkerung aller Landesteile zu den kulturellen Einrichtungen ist zum ganz wichtigen Auftrag an Politik und Bürgerschaft geworden. Bis tief in die Nachkriegszeit hinein waren allein die Städte die Brennpunkte und Umschlagplätze des kulturellen Lebens. In Deutschland lebt die Hälfte aller Einwohner in Städten mit mehr als 20.000 Einwohnern. Diese Millionen „sitzen an der Quelle“, haben oder hätten direkten Zugang zur Kultur, wenn wir darunter verstehen wollen, dass ihnen kulturelle Einrichtungen offenstehen, Theater und Konzerte, Ausstellungen und Kunstgalerien, Bibliotheken, Uraufführungskinos und spezialisierte Bildungseinrichtungen. (Dass davon nur ein bestimmter Anteil Gebrauch macht, ist schon wieder ein anderes Thema.) Die meisten dieser Kulturangebote sind subventioniert, werden vom Land und von den Kommunen unterstützt, selten vom Bund. Wir haben ja so etwas wie die „Kulturhoheit der Länder“, in Deutschland ein hochgehaltenes Gut, das nicht nur verhindert, dass die Zuschüsse für die Bamberger Symphoniker von Berliner Beamten verordnet oder abgelehnt werden, sondern auch ein eigenes Verständnis von Kultur garantiert. Sie wird verstanden als etwas in der kleinsten Zelle Gewachsenes, Organisches. Kultur ist also nicht die von der Schickeria der Großstädte vorgegebene Leitlinie dessen, was „in“ ist, sondern kann aus den Regionen über die Kleinstädte in die Metropolen ausstrahlen.

In der Großstadt passiert zu viel: Mode, Politik, Technik, Bildung, Information. Im deutschsprachigen Raum hat jede Stadt mit über 200.000 Einwohnern ihr eigenes Theater, in Deutschland gibt es allein 896 Bühnen mit einem Premierenausstoß im letzten Spieljahr von 3365 Werken. In München stehen allabendlich 15.000 Plätze für Konzertbesucher zur Verfügung. Da könnte die Hauptstadt-Lastigkeit der kulturellen Institutionen zum Konfliktthema werden. Schließlich werden die vom Bund finanzierten Einrichtungen von allen Landesbürgern mit getragen. Die Basisabgeltung der österreichischen Bundestheater beträgt rund 138 Mio. Euro. Da ist die Frage erlaubt – wie steht es um deren Präsenz in den Bundesländern, z.B. durch Gastspiele?

Kein Zweifel, die vormalige „Provinz“ hat kulturell mächtig aufgeholt. In den Nischen der Dörfer, wo noch jeder jeden kennt, dominieren die in langer Tradition überlieferten Brauchtumsrituale, wie Leonhardiritte, Wein-, Blumen- und Lichterfeste, Perchtenläufe, Fasnachtsumzüge, Heimatmuseen, die ganze Fülle der Folklore. An vielen Orten finden sich kreative Freischaffende zur Bildung wahrer regionaler Subkulturen zusammen, mit einfallsreichen Experimenten. Im kulturellen Mittelfeld, man könnte sie Schwellenstädte nennen, tritt man mit hochspezialisierten Programmen von internationalem Niveau gar die Konkurrenz zur sogenannten „Hochkultur“ der großen Weltstädte an, vor allem in der Sparte Musik.

Natürlich gibt es auch Qualitätsabstufungen bis ins Bodenlose, dilettantisches Zeug aller Art, ganze Industrien von Laientheatern, die eine Art „Klassik light“ produzieren. Es ist auch die große Stunde der Wirtshauskomiker und der Blaskapellen, die sich als Bigbands ausgeben. Der große Kritiker Joachim Kaiser beklagt alle diese Verflachungen, sieht darin einen Niederbruch unserer Hochkultur und stellt fest, dass überall alles bald nur noch „Cottbus“ sein würde.

Das ist Stoff genug für unser Gespräch. Da gibt es viele Fragen zum Kulturgefälle, das die den ländlichen Regionen zugeschriebene Harmonie zum Konflikt mit der kulturellen Poleposition der Großstädte führen könnte. Damit wären wir beim Grundthema unserer Veranstaltung angekommen.

Peter Paul Kainrath

Die Kraft der Peripherie

Zentrum und Peripherie ist hier und heute das Thema – dazu fällt einem sofort das Schlagwort von der „Kraft der Peripherie" ein; oft benützt, um Improvisiertes, Unzulängliches und Unprofessionelles im peripheren Kulturleben zu übertünchen – und als Schlagwort eigentlich etwas abgenutzt. Und doch birgt es im Kern interessante Aspekte heutiger Kulturarbeit – Aspekte, die im Kontext des Festivals Klangspuren besonders deutlich werden, denn wenn die Hervorbringung von Hochkultur das Zentrum braucht, so kann die Vermittlung von Hochkultur in der Peripherie neue, unverbrauchte Wege gehen.

Was war der Antrieb? Thomas Larcher war und ist ein international geschätzter Pianist und Komponist; er und zahlreiche Freunde und Bekannte, wie die Komponisten Werner Pirchner und Haimo Wisser oder der damalige Leiter der Klassikmusikabteilung des ORF Tirol, Othmar Costa, haben sich dem Engagement für Neue Musik verschrieben. Allerdings gab es Anfang der 90er Jahre keine wirkliche Plattform der Präsentation – weder für die eigene Arbeit noch für die anderer Zeitgenossen. Und da hat sich die Stadt Schwaz, die bis dahin eigentlich noch nie mit Neuer Musik in Berührung gekommen ist, als äußerst offene Stadt präsentiert – offener als die nahe gelegene Universitätsstadt Innsbruck. 25 Prozent des Kulturbudgets für Veranstaltungen, Konzerte und Theater steckt diese Stadt in das eigene Festival Neuer Musik, das heute zu einem regionalen Festival angewachsen ist und von Jenbach bis Innsbruck reicht.

Ein paar Eckdaten:

Budget:	800.000–1.100.000 Euro, finanziert von Stadt, Land, Bund und zahlreichen Sponsoren
Publikum:	jährlich 7000
Uraufführungen seit1994:	über 200, davon über 90 aus dem regionalen Kontext kommend

Dies sind wenige Fakten – sie erklären aber keineswegs den Erfolg der Klangspuren, die Neue Musik in der Peripherie, also fern von den sprichwörtlich tonangebenden Zentren präsentieren.

Gleich vorweg: Klangspuren sind kein Festival, wo Neue Musik nach präzisen ästhetischen Parametern programmiert wird, wo man die jeweils avancierteste Position zu hören bekommt. Dafür gibt es Plattformen und Festivals, die dazu berufener sind, wie Witten, Donaueschingen oder der Warschauer Herbst. Das Unverwechselbare der Klangspuren liegt woanders. Am besten greifbar wird das Ganze über ein paar Fragestellungen mit entsprechenden Antworten. *Zentrale Frage dabei ist: Welchen Wert stellt das Zeitgenössische in der Musik dar?*

Der Wert des Zeitgenössischen, also der Gegenwärtigkeit, der Neuzeitlichkeit in der Musik, liegt für die Klangspuren nicht unbedingt darin, das jeweils musikalisch Erreichte wieder zu überwinden, zu überbieten. Wir setzen in erster Linie auf die Erlebnisstärke der Musik, und zwar innerhalb der folgenden Koordinaten: etablierte Komponisten der internationalen Szene Neuer Musik, junge aufstrebende Komponisten auch aus dem Tiroler wie österreichischen Kontext, ausgezeichnete Interpreten. Den Vorurteilen, Neue Musik sei nur etwas für ein Fachpublikum, sei sperrig, sei unverständlich, wird hier mit dem Begriff der *Begegnung* entgegengetreten: die Begegnung zwischen Interpreten und Komponisten, zwischen Publikum und Komponisten, zwischen etablierten Komponisten und aufstrebenden. Denn nichts kann die Faszination der „Creation" besser vermitteln als die Neue Musik. Da liegt die besondere und unverwechselbare Stärke Neuer Musik, vor allem hinsichtlich der Identität eines Festivals, das an sein Publikum denkt. Wir ermöglichen unserem Publikum, auf Du und Du zu sein mit den Komponisten und Interpreten. Es ist bei uns selbstverständlich, dass die Besucher Lachenmann, Rihm und andere persönlich ansprechen können, um ihre Eindrücke auszutauschen. In 15 Klangspuren-Ausgaben haben wir – wie bereits erwähnt – über 200 Uraufführungen aus der Taufe gehoben. Die Komponisten werden als Persönlichkeiten des gegenwärtigen intellektuellen Lebens präsentiert, in der festivaleigenen Zeitung *Spuren* und im Programmbuch kommen sie in ausführlichen Gesprächen nicht nur zu musikalischen Thematiken zu Wort. Es geht uns also nicht darum, dass wir unsere ästhetische Messlatte anlegen und damit die Leistungen verschiedener Komponisten abmessen, sondern es geht uns darum, verschiedene Messlatten verschiedener Komponisten verschiedenster Herkunft zu präsentieren. Die Identität der jeweiligen Programme, deren Unverwechselbarkeit, wird dabei über sehr einfache Programmschienen garantiert.

Da gibt es zum einen einen *geographischen Schwerpunkt*: jede Ausgabe präsentiert Aspekte Neuer Musik, die einer geographischen Region zugeordnet sind. Dabei wäre es vermessen, in Zeiten wie diesen noch vom Begriff genau verortbarer Szenen zu sprechen. Je nach geographischer Region ist das regional Unverwechselbare einmal stärker und einmal schwächer: Unser Schwerpunkt zu Neuer Musik aus Estland war künstlerisch fassbarer als der Schwerpunkt zu Aspekten von Musik aus England. Damit wollen wir nicht den künstlichen Begriff einer wie immer gearteten Szene vermitteln, sondern vor allem unserem Publikum die Möglichkeit geben, das Gehörte, die Musik in einen weiter gefassten Kulturbegriff zu fassen.

Darüber hinaus zeigen gerade diese geographischen Schwerpunkte, wie vielschichtig der Begriff des Neuen, des Modernen im Sinne des Umbruchs, des Zeitgenössischen ist. Die Positionen der Komponisten Erkki-Sven Tüür, Magnus Lindberg oder Bent Sörensen sind grundverschieden von jenen eines Salvatore Sciarrino, Beat Furrer oder Helmut Lachenmann. Alle beanspruchen für sich den Begriff der Zeitgenossenschaft, allesamt sind sie bei den Klangspuren zu hören. Das Programm der Klangspuren ist also *nicht ein Abbild*, ein Spiegel *meines eigenen musikalischen Geschmackes*, sondern vielmehr ein *von vielen Händen und Köpfen gestaltetes Gewebe*: Immer wieder neue Komponisten, neue Interpreten, neue Schwerpunkte bringen alle Jahre wieder einen neuen Ausschnitt aus dem großen Spektrum gegenwärtiger Musik – wir bringen immer Neues und nicht das Neueste, das sich für absolut hält. Als Veranstalter will ich die Arroganz der absoluten Positionen vermeiden und setze auf eine Polyphonie der Zeitgenossenschaft.

Zum anderen haben wir einen *instrumentalen Schwerpunkt*, der jeweils Instrumente oder spezielle Besetzungen am Beispiel Neuer Musik in all ihren Facetten vorführt. Das interessiert das Publikum und erlaubt uns, auch auf der Seite der Interpreten echte Virtuosen zu präsentieren: Auch die Neue Musik hat ihre Virtuosen, hat ihren Liszt oder Paganini – nicht nur die sogenannte klassische oder romantische Musik. Auftritte der Schlagzeugerin Evelyn Glennie, der Geigerin Patricia Kopatschinskaja oder des Pianisten Pierre Laurent-Aimard zählen zu den virtuosen Höhepunkten des Festivals.

Ich fasse also zusammen: Die Qualität und der Wert des Zeitgenössischen in der Musik liegt für uns darin, eine Begegnung mit den eigentlich Kreativen zu ermöglichen, auf Tuchfühlung mit den heute Schöpferischen zu gehen.

Wen diese Qualität des Zeitgenössischen einmal überzeugt hat, der wird auf die zweite Frage nur mit einem Ja antworten. *Sollte man versuchen, diese zeitgenössische Musik durchzusetzen?* Nur sie ist imstande, die Musik von den vielen marktbedingten Zwängen zu befreien. Das Erleben von Kreativität ist in der Neuen Musik zweifelsfrei unmittelbarer als in der barocken, klassischen oder romantischen Musik. Interessanter also ist die Frage: *Wo* kann ich diese Musik durchsetzen und vor allem *wem* kann ich zeitgenössische Musik vermitteln?

Zum *wo*: Schwaz hat (noch) keinen Konzertsaal; das Festival war von Anfang an gezwungen, alternative Schauplätze zu finden: Kirchen, Tennishallen, Viehversteigerungshallen, Fabriken und Supermärkte sind die Orte, wo das Klangspuren-Publikum der Neuen Musik begegnet. Das hat zum einen den Vorteil, dass die Schwellenangst gegenüber den traditionellen Orten der Kulturproduktion wie Konzert- und Theatersälen wegfällt; wir signalisieren damit, dass diese Musik nicht einer gesellschaftlichen, gar bürgerlichen Schicht gehört, sondern quer durch das Sozialgefüge eine Rolle spielt: In unserem Publikum findet sich der erfolgreiche Akademiker oder Unternehmer genauso wie der Arte-povera-Clochard, der junge Student wie der pensionierte Lehrer. Neue Orte, vor allem Orte des Alltags, bringen neues Publikum.

Zum anderen bringt die Auseinandersetzung mit diesen alternativen Orten der Kulturproduktion auch eine Begegnung mit Arbeitern, Unternehmern, Hausmeistern und anderen Werktätigen, die wir sonst nie erreichen würden. Nicht dass diese Personen gleich in unseren Konzerten sitzen – aber der Begriff der Neuen Musik, der Klangspuren, hat sich auch in deren Köpfen auf die eine oder andere Weise festgesetzt.

In diesem Zusammenhang haben wir in den letzten drei Jahren ein ganz neues Format entwickelt: Tirol ist das Land der Wanderer, hat ein langes Stück des Jakobspilgerweges, hat viele Barockkirchenjuwele. Gemeinsam mit dem Jakobspilgerwegexperten Peter Lindenthal haben wir bereits zum dritten Mal eine Pilgerwanderung im Zeichen Neuer Musik veranstaltet. Der Publikumszuspruch ist dabei hervorragend. Das Bedürfnis, gemeinsam von Station zu Station, von Kirche zu Kirche zu wandern, verbindet sich hier mit dem Wunsch, gemeinsam Neue Musik zu erleben, sich darüber am Wege auszutauschen, gemeinsam auch eine Leistung zu vollbringen. Unsere Pilgerwanderung mit zeitgenössischer Musik ist ein wunderbares Format, wo Tradition und Innovation zueinanderfinden, wo Architektur auf Musik trifft, wo Spiritualität sich ins Religiöse wie Intellektuelle gleichermaßen hineinspiegelt.

Zum *wem*:

Die Klangspuren können auf ein Kernpublikum setzen, das seit 1994 stetig anwächst und vor allem als sehr konzentriertes, mit hoher Urteilskraft ausgestattetes Publikum sowohl bei Interpreten wie Komponisten gilt. Aber wir können uns bei unserer Arbeit nicht nur auf das jeweilige Konzertpublikum beschränken.

Die Musik wird immer mehr aus dem Schulbereich verdrängt: Es gibt zwar ein durchaus blühendes Musikschulwesen – dieses wendet sich allerdings nur an die bereits an der Musik Interessierten. Die Mehrheit der Schüler, der Studenten und der Lehrlinge kommt immer weniger mit Musik in Berührung. Hier setzen die Klangspuren mit ihrer Vermittlungsarbeit an. Diese immer größer werdende Lücke im Ausbildungssystem wollen die Klangspuren verkleinern.

Speziell mit Firmen, die Klangspuren mitunter auch als Sponsoren verbunden sind, werden eigene Erlebnisformate für Lehrlinge entwickelt: Ein Musiker und ein Theatermann arbeiten mit den von der Firma freigestellten Lehrlingen an einer schärferen Wahrnehmung des eigenen akustischen Umfeldes, entwickeln daraus Elemente, die sie als Versatzstücke eigener Kompositionen einsetzen; mit Aufnahmegeräten ausgestattet, spüren sie dem Sound ihres Arbeitsplatzes nach, montieren diese Sounds unter Anleitung eines Komponisten oder Toningenieurs zu einfachen Klangstücken. Die Lehrlinge werden dadurch zu Sound-Scouts des eigenen Arbeitsplatzes und erleben – auf einer sehr einfachen Ebene – Kreatives, so wie es Komponisten auf einer sehr komplexen Ebene gestalten.

Ein barfuß genanntes Kinderprogramm lädt Interpreten des Hauptprogrammes ein, eigene Formate Neuer Musik für das jüngste Publikum zu entwickeln. Sehr besonders in diesem Sinne war das vorjährige Projekt des Bozzini-Streichquartetts aus Montreal, das eigens einen Schriftsteller damit beauftragt hat, zu George Crumbs „Black Angel" eine von einem Erzähler in Form von Einschüben vorzutragende Geschichte zu entwickeln; damit schlagen wir erste Brücken zum Publikum von morgen.

In der Vermittlung denken wir aber nicht nur an das Publikum unseres Hauptfestivals, unsere Kinder- und Lehrlingsschiene. Auch die Frage zukünftiger Interpreten Neuer Musik nehmen wir wichtig. Ihnen will Neue Musik vermittelt sein, zumal die traditionellen Hochschulen immer noch viel zu wenig Musik unserer Gegenwart in den Lehrplänen haben.

Herausragend ist dabei für uns die Bedeutung der internationalen Ensemble Modern Akademie. Gemeinsam mit dem Ensemble Modern aus Frankfurt entwickelt, handelt es sich hierbei um eine Akademie, an der sich junge Musiker aus der ganzen Welt beteiligen: Sie bewerben sich mittels Tonbeispiel, werden vom Ensemble Modern für die eigentliche Akademie ausgesucht, die Klangspuren übernehmen die Kursgebühr und die Kosten für die Unterkunft. Die Studierenden arbeiten dabei mit den Solisten des Ensemble Modern als Dozenten, begegnen *composers in residence* wie Wolfgang Rihm, Helmut Lachenmann oder György Kurtag und präsentieren die Ergebnisse der Arbeit im Hauptprogramm des Festivals.

Diese Klangspuren-Arbeit wirkt also auf vielen Ebenen: Konzertpublikum, Ausbildung, Weiterbildung. Aber selbstverständlich muss diese Arbeit auch nach außen getragen werden, muss sie eine Rolle spielen dürfen in einem weiteren Feld als nur jenes des Fachpublikums. Und so ist auch die Antwort auf die Frage, ob Neue Musik speziell beworben werden soll, eindeutig mit Ja zu beantworten. Damit die Neue Musik ihre wirkliche Bedeutung entfalten kann, als Bühne eines nicht nur musikalischen, sondern auch intellektuellen Diskurses begriffen werden kann, muss sie die Räume des Festivals verlassen. Die Geschäftsführerin der Klangspuren, Maria Luise Mayr hat hierbei immer wieder neue Formate entwickelt: Klangspuren-Programme auf den Milchpackungen im ganzen Land Tirol, Klangspuren-Symbole auf den Einkaufstaschen einer großen Supermarktkette, Klangspuren als Bild auf kleinen Zuckersäckchen in vielen Bars und Gaststätten. Den Klangspuren begegnet man in Tirol und im September immer wieder – und auch wer nicht in unsere Konzerte kommt, wird am Rande für Neue Musik sensibilisiert. Je abstrakter also die Inhalte sind – und Neue Musik kann zweifelsfrei sehr abstrakt sein –, desto griffiger, desto plastischer und umfassender muss die dazugehörige Kommunikation sein. Vor drei Jahren haben wir deswegen auch beschlossen, die üblichen Flyer zu unserem Festivalprogramm abzusetzen und dieses Geld in eine eigene Zeitung namens *Spuren* zu investieren; diese erscheint 4-mal im Jahr und versteht sich als offenes Forum eines kulturellen Diskurses, der in dieser Form in der lokalen Tages- und Wochenpresse nicht mehr geführt werden kann. Die Zeitung ist auch anderen Veranstaltern aus den Bereichen Kunst, Architektur und Literatur offen und stellt damit einen Brückenschlag dar zwischen der Neuen Musik und anderen künstlerischen Disziplinen.

Ich möchte also die Klangspuren auf folgenden Punkt bringen:

Andere Festivals befinden sich mit ihren ästhetischen Ansprüchen zweifelsohne an der Front der Neuen Musik und tragen damit den Begriff der Avantgarde im Sinne von *avant la garde* weiter. Aber Fronten gibt es viele – die Klangspuren begreifen sich in diesem etwas kriegerisch formulierten Bild als Nachhut, die sich um die Vermittlung dieser verschiedenen Positionen kümmert. Ein Festival ist kein Symposion, ist auch keine akustische Veranschaulichung einer Musikphilosophie: Ein Festival ist für uns ein Ort der Begegnung, wo herausragende Positionen der Neuen Musik einen Brückenschlag hinein in die Gesellschaft vollziehen, sich allen intellektuell Interessierten offenbaren und der es nicht zuletzt auch den Komponisten erlaubt, das eigene Schaffen in einer Konzertatmosphäre zu erproben, die weit über Fachwissen und Fachkritik hinausreicht.

Blicken wir also abschließend kurz zum Ausgangspunkt und zur Themenstellung dieser Tagung zurück: Peripherie und Zentrum, Harmonie und Konflikt. Wir von den Klangspuren erkennen uns in diesen Begriffspaaren eigentlich nicht; die Zeiten sind vorbei, wo man aus dem damals als Peripherie erlebten Tirol neidvoll nach Wien geblickt hat; auch das oft zitierte Land-Stadt-Gefälle ist nicht mehr geeignet, Unterschiede in der jeweiligen Kulturarbeit aufzuzeigen. Für die Klangspuren gilt das von Dr. Klaus Albrecht Schröder, Direktor der Albertina, festgestellte Phänomen nicht, dass die in der sogenannten Peripherie angesiedelten Festivals letztendlich und großteils wieder Abnehmer aus urbanen Zentren haben. Die Klangspuren heißen den „ausflüglerischen" Kulturtouristen aus der Metropole selbstverständlich willkommen – aber der regionale Publikumsanteil des Festivals liegt bei ungefähr 85 Prozent. Interessanter und diskutierenswerter ist da der Denkanstoss des Sektionschefs für Kultur des entsprechenden Wiener Bundesministeriums, Dr. Michael P. Franz, welcher aufzeigt, wie viele Personen – ganz egal ob man nun von Stadt oder Land spricht – immer noch vollkommen unberührt vom Kulturbetrieb bleiben. Hier greift das Binomen Peripherie/Zentrum viel besser. Wir sind also aufgefordert, neue Publikumsschichten anzusprechen und kulturfremde Bevölkerungsschichten aus der Peripherie des Kulturbetriebes ins Zentrum des Geschehens zu holen – vorausgesetzt, wir sind immer noch vorbehaltlos davon überzeugt, dass die Kultur ein Katalysator vieler gesellschaftlicher Prozesse ist und sich daher möglichst viele Menschen im Zentrum des Kulturbetriebes bewegen sollten.

Klaus Albrecht Schröder

Ich kann keinen Konflikt erkennen

Ich habe gestern ein Interview mit den „Oberösterreichischen Nachrichten" geführt, und da hat man mich gefragt, als Oberösterreicher, als Linzer, wie sich denn das Linz meiner Kindheit unterscheiden würde – und ob es sich überhaupt unterscheidet – vom Linz der Gegenwart. Und meine Antwort erklärt, warum ich ursprünglich nur über die Harmonie sprechen wollte und dass ich gar keinen Konflikt erkennen kann, obwohl sich das nach meinen Vorrednern geändert hat. Denn ich habe gesagt: In meiner Kindheit und Jugend war Linz eine Industriestadt, die ich lange bevor ich die Skyline von Linz gesehen habe, gerochen habe, geschmeckt habe, beißen konnte geradezu. Heute ist Linz fast primär, obwohl die VOEST so erfolgreich wurden, eine Kulturstadt, und man taumelt von kulturellem Wahrzeichen zu Wahrzeichen, wiewohl ein Wermutstropfen sicher der ist, dass die Kulturhauptstadt dann ausgerechnet einige Großprojekte noch nicht eröffnet sieht.

Die Provinz, die Bundesländer, haben nachgeholt, in einem Ausmaß, der den Vorsprung, den einmal die Metropole, die Haupt- und Residenzstadt Wien hatte, verdampfen hat lassen. Wien ist besser geworden, Wien hat sich sehr verändert, Wien hat sich vor allem in den 80er und 90er Jahren sehr zum Guten verändert. Vergleiche ich aber diese Veränderungen auch unserer Bundesmuseen mit jenen, die sich in Krems, in Sankt Pölten oder in Oberzeiring zugetragen haben, dann hat sich in Wien gar nicht viel getan, gemessen an dem, wie die Peripherie nachgeholt hat. Darüber wollte ich sprechen. Und dann ist mir das ein bisschen aus der Hand geschlagen worden durch meinen ersten Vorredner, meinen Freund Michael Franz, weil er eine Lanze für die Provinz, wie er sie genannt hat, für die Peripherie gebrochen hat, die man vielleicht gar nicht brechen müsste, aber die mich doch nachdenklich macht. Da ist von Teilhabe der Bevölkerung die Rede und dass sie zu wenig wahrgenommen würde. Mag schon sein; wir alle möchten mehr Besucher, und am liebsten wären uns die Besucher, die wir nicht haben. Aber so klein sind die Besucherzahlen ja nicht in den Bundesmuseen.

Ich möchte hier einen Gedanken gleich an den Anfang stellen: 50 Prozent ungefähr unserer Besucher, jetzt bei der Van-Gogh-Ausstellung, die in drei Monaten knapp 600.000 Besucher hat, stammen aus Österreich; davon 50 Prozent aus Wien und 50 Prozent aus den Bundesländern. Und ich behaupte: Wenn dieselbe Ausstellung in einer der Bundesländerhauptstädten stattfände, dann wäre Anteil der restösterreichischen Bevölkerung unvergleichbar viel geringer, denn ich würde vermuten, dass viel mehr Grazer nach Wien als nach Salzburg fahren, viel mehr Linzer nach Wien als nach Klagenfurt, vermutlich auch viel mehr Innsbrucker nach Wien als nach Sankt Pölten. Die Attraktion, die Magnetwirkung, die Wien hat, ist eben eine, die wir als Nutznießer in Anspruch nehmen, die wir bis zu einem ganz kleinen Grad auch selbst auslösen, die aber wesentlich größer ist, als wir selbst sind. Und die können wir nicht künstlich erzeugen. Und gerade wenn uns daran gelegen sein muss, bei manchen Projekten eine möglichst große Teilhabe der Österreicher zu erzielen, dann wird bei manchen Projekten der Weg um die Metropole gar nicht herumführen können.

Wenn ich das sage, möchte ich zwei Nebenbemerkungen möglichst gleichzeitig in die Waagschale werfen: Was ist überhaupt ein Zentrum? Ich habe da eine Erfahrung vor einigen Wochen gemacht. Es gab eine intensive Gesprächsbasis zwischen mir und der Regierung in Nordrhein-Westfalen. Und der Ministerpräsident Rüttgers hat bei einem Abendessen versucht, mir sein Zentrum schmackhaft zu machen, und hat die 18 Millionen Einwohner von Nordrhein-Westfalen auf die Waagschale gelegt und daran die jämmerlichen 8 Millionen Österreicher gemessen. Und dann hat er natürlich vor allem davon geschwärmt, dass das Einzugsgebiet jeder einzelnen Stadt dieser Rhein-Ruhr-Gebiete unvergleichlich viel größer ist als bei uns. Na ja, in Zahlen stimmt das schon. Aber ist es wahr, dass Düsseldorf und Krefeld, Mönchengladbach und Hamm, Bielefeld und all diese anderen Städte sich zu einem Zentrum kondensiert haben? Überhaupt nicht. Sie sind dann immer noch in Düsseldorf oder in Krefeld oder in Mönchengladbach. Und Wien ist eine andere Stadt. Das hat er ein bisschen verstanden, aber nicht wirklich teilen wollen. Dann gab es ein Schlüsselerlebnis. Im Lauf des Abends erzähle ich, dass ich am Vorabend gerade Barenboim gehört habe und – obwohl ein Verehrer von Barenboim – dass es eine ziemliche Enttäuschung war. Dann hat ihn fast der Schlag getroffen, denn in drei Wochen würde Barenboim in Düsseldorf ein Konzert geben, das seit einem Jahr angekündigt wird, und es ist eine große Sensation, und er kann jetzt schon garantieren, nicht einem einzigen Besucher dieses Konzertes würde es vorher, während oder nach dem Konzert einfallen, es zu kritisieren. Die Tatsache, dass es stattfindet, ist eine Sensation, und er hat es dem Wiener Nörglergeist zugeschrieben, dass man so urteilt. Das stimmt nicht. Es kann manches in einer Dichte, in einer Abfolge nicht überall stattfinden. Und ich halte das angesichts der Tatsache, dass so viele Sankt Pöltner, Innsbrucker und Salzburger nach Wien kommen, auch nicht unbedingt für einen Nachteil. Ein Zentrum ist also nicht nur eine Agglomeration von Menschen, sondern eine Verbindung, eine unauflösbare Verbindung von Geschichte, von kultureller Tradition, die sich aufschaukelt, bis sie am Ende an jeder Fassade klebt, in den Köpfen, in den Mentalitäten, auf den Straßen zu spüren ist, aber auch einer gewissen Anzahl – sicher – an Menschen, die dort leben und weshalb eine Magnetwirkung von einem Zentrum ausgeht, die nur mit Menschen allein – aber auch nur mit Tradition allein – nicht zu bewerkstelligen ist. Das hat Konsequenzen, und es ist ein anderer Gedanke, den ich ausführen muss.

Es ist doch keine Frage, dass in Österreich in den letzten fünfzehn Jahren Festivals aus dem Boden geschossen sind, die an Qualität keine Wünsche offenlassen. Insbesondere auch, wie mein unmittelbarer Vorredner es ausgeführt hat, jene Festivals, die sich Nischen gesucht haben, die vielleicht in dieser Form geradezu den Platz der Abgeschiedenheit, der Konzentration brauchen. Ob wir jetzt Hohenems nennen oder das Philosophicum in Lech, das sich übrigens zu 45 Prozent an Besuchern aus Wien rekrutiert – es ist ein Ort, an dem man sich trifft und einmal in Klausur geht. Für ein, zwei, drei Tage, vielleicht für zwei Wochen oder, wie bei den Salzburger Festspielen, für vier Wochen. Aber nicht über das ganze Jahr. Und die „Literatur im Nebel", im Waldviertel, ist so erfolgreich, weil sie ein verlängertes Wochenende lang stattfindet, und alle, die dort teilnehmen – in diesem Fall ist der Anteil der Wiener übrigens bei ungefähr 85 Prozent –, bis hin zu Salman Rushdie, genießen es, sich einmal zurückzuziehen und wirklich ganz ernsthaft und ohne die Ablenkung der Weltstadt sich auf Musik, auf Philosophie, gesellschaftliche Fragen oder Literatur einlassen zu können.

In der Museumswelt ticken die Uhren anders als bei diesen Festivals, die relativ zeitlich befristet stattfinden können. Ich denke jetzt allein schon an die Finanzierung, obwohl ich damit dann auch das wirtschaftliche Thema zu Recht beiseite rücken will, wie das der Kollege Franz gesagt hat. Die Albertina erhält 5,5 Mio. Subvention vom Staat. 18,5 Mio. ist heuer das Betriebsergebnis. Ich glaube, es gibt das eine oder andere Landesmuseum, das eine vergleichbare Subvention hat, wie wir sie haben. Aber ich glaube nicht, dass es so viele Landesmuseen gibt, die dann in der Lage wären, weitere fünf, zehn oder dreizehn Millionen Euro selbst zu erwirtschaften, die aber die Voraussetzung sind, um manche Projekte überhaupt realisieren zu können. Das heißt, man stößt einfach auf finanzielle Grenzen, wenn nicht ein Land bereit wäre, dann zu sagen: Ihr kriegt 18, 20 oder 25 Mio., damit wir etwas machen können, was in Wien mit einem wesentlich geringeren Budget möglich ist. Das zeigt auch jetzt Sankt Pölten. Da haben wir einen ambitionierten Landeshauptmann, der auch in Krems ein Frohner-Museum macht; die Kunsthalle hat das Karikaturenmuseum ... – da entsteht schön langsam ein wunderschönes Zentrum im Einzugsbereich der Bundeshauptstadt, und das ist gar nicht ganz erfolglos, vor allem in der Urlaubszeit, zu den Wochenenden und im Sommer, wenn die Wiener hinausfahren. Mistelbach ist von 6000 Besuchern im ersten Jahr auf nicht einmal 3000 im zweiten gefallen; da kann ein Nitsch-Museum – wie gut es auch immer gemacht sei – nicht gegen die Peripherie ankämpfen. Zu den Fragen des Konfliktes: Es gibt Konflikte, sonst hätte sich die letzte Regierung gar nicht auf die Fahnen geschrieben, Oberzeiring gegen das Burgtheater auszuspielen, wenn es um gelungene Shakespeare-Aufführungen geht. Aber die Konflikte werden mehr von der Peripherie aus gezüchtet, als sie bei uns gesehen werden. Die Landesmuseen haben eine sehr gedeihliche – mehr als das, eine sehr gute – Zusammenarbeit, aber es gibt Ausstellungsprojekte, die eben dort nicht stattfinden können, und andere, die zu Recht *nur* dort stattfinden. Lassen Sie mich zuerst auf die zweiten eingehen. Wenn Sie Leoben – die Schallerburg – nehmen, so finden hier augenscheinlich hochqualitative Ausstellungen statt, weil sie einen potenten Partner im Kunsthistorischen Museum haben. Es gibt andere Initiativen in den Bundesländern, im Ausstellungsgeschehen, die auf ähnliche Partnerschaften bauen können. Offensichtlich ist hier eine Großzügigkeit und eine praktikable Zusammenarbeit, eine gedeihliche Zusammenarbeit absolut gegeben.

Paris versucht das im Augenblick zu institutionalisieren, indem Außenstellen in Metz und Lance geschaffen werden, vom Centre Pompidou, vom Louvre, wo auch auf diese Weise versucht wird, den Zentralismus Frankreichs etwas aufzuweichen. Meine persönlichen Erfahrungen waren allerdings, als ich vom Centre Pompidou deren Zweigstelle in Nizza gesehen haben, dass ich dort der einzige Besucher war, und ich weiß nicht, wie viele von außerhalb Nizzas dann da hingehen, um das Centre Pompidou zu sehen. Sehr groß ist aber die Gegenliebe dann oft wieder nicht. Ich habe mich immer wieder gewundert, wie häufig man in Landesmuseen, in Landesausstellungen Sammlungen präsentiert. In Salzburg: Privatsammlungen, Museen, Museen aus dem Ausland. Wenn wir unsere Sammlung aber anbieten und sagen: Wollt ihr nicht etwas machen, das sich aus diesen 1,5 Mio. Kunstwerken rekrutiert: eine Ausstellung zur Kunst der Gegenwart, eine Ausstellung zum 17. Jahrhundert? – dann begegnet man uns eher reserviert, und ich glaube, den Grund zu kennen: Man nimmt an, dass eine Ausstellung der Albertina in Salzburg letztlich ein Déjà-vu bei den an Kunst Interessierten in Salzburg auslöst, die sagen: „Das habe ich ja schon gesehen, und wenn ich es sehen will, dann kann ich das noch reicher in Wien.“ Daher ist eine Ausstellung aus Antwerpen, aus einem Museum für die viel attraktiver als unser Angebot, in den Bundesländern gleichsam wie in Filialen oder temporär befristeten Filialen unsere Kunst zeigen zu können. Aber dennoch, der Wille ist da, die Bereitschaft ist da, das zu tun. Das kann aber immer nur gelten, wenn das eigene Haus fast die gesamte Ausstellung stellt. Wenn das darüber hinausgeht, wenn es 20, 40, 60 Leihgeber wie jetzt bei Van Gogh oder der Dürer- oder Rubens-Ausstellung gibt, dann ist das eben doch leider so, dass wir um die Metropolen, um das Zentrum nicht herumkommen. Aber wir sollen alles tun, dass die Bundesländer eine optimale Besuchsmöglichkeit in Wien haben – durch einen entsprechenden Vertrieb, durch eine entsprechende Werbung, durch Kommunikationsfelder, und das tun wir auch durch entsprechende Vermittlungsangebote. Denn dieser Föderalismus stößt an Grenzen bei ganz bestimmten Projekten, die eine Dimension annehmen, die eben eine Landeshauptstadt überfordert.

Wir sind aber langsam schon in der Situation, dass manche Großprojekte Wien als Bundeshauptstadt überheben, weil einfach der Wettbewerb nicht zwischen Wien und Sankt Pölten oder zwischen Wien und Innsbruck stattfindet. Sondern zwischen Wien, Paris, Chicago, New York, Rom und Madrid. Denn auch dort sind es immer wieder die Zentren, in denen die ganz großen Projekte stattfinden. Und das eine Gegenbeispiel, das dann am Ende aus dem Hut gezaubert wird, Bilbao – die Architektur macht die Peripherie zu einem Zentrum –, ist nicht ein glänzendes Gegenbeispiel. Als Architektur halte ich Bilbao für eines der Weltwunder, für eines der schönsten Gebäude, die jemals errichtet wurden, ich bewundere es unendlich. Die Ausstellungen, die sie dort machen, sind bei der zeitgenössischen Kunst absolut wettbewerbsfähig mit allem, was in New York und Paris stattfinden kann. Bei anderen Projekten sind sie immer wieder auf Einzelleihgeber angewiesen, die dann den größten Teil oder gar zu 100 Prozent eine Ausstellung machen, weil eben auch hier eine gewisse Zurückhaltung weltweiter Leihgeber gegeben ist, in die Peripherie zu gehen. Mag sein, dass da auch Sicherheitsbedenken eine Rolle spielen.

Der Regionalismus bereichert uns, aber ich glaube, es ist an uns, auch die Region, die Peripherie, die Bundesländer zu bereichern. Es muss aber auch angenommen werden.

Michael P. Franz

Was sind Museen?

Das heutige Motto „Kultur – Harmonie und Konflikt" beschreibt recht gut den Spannungsbogen, in dem sich die Schwerpunkte der kulturellen Aufgaben der Kultursektion des Bundesministeriums für Unterricht, Kunst und Kultur bewegen. An einem der wesentlichen Aufgabenbereiche der Sektion lässt sich dies deutlich machen: an den Bundesmuseen.

Mit Ausnahme von Schloss Ambras als Teil des Kunsthistorischen Museums sind die Standorte aller österreichischen Bundesmuseen ausschließlich auf Wien konzentriert. Die Bundesmuseen, und nicht nur diese, haben in den vergangenen Jahren eine enorme positive Entwicklung erfahren und bieten eine breite Palette an Sonderausstellungen und begleitenden Programmen. Allerdings für wen? Analysen der Besucherentwicklung in den Bundesmuseen zeigen, dass die Mehrheit der Gäste aus dem Ausland kommt, wobei in einigen der Kunstmuseen der Anteil ausländischer Besucher 60 bis 80 Prozent beträgt.

Der Konflikt ist also nicht nur einer zwischen Hauptstadt und Peripherie, sondern eher noch einer zwischen Österreich und dem internationalen Umfeld. Die Sammlungen der Bundesmuseen sind offenbar den Österreicherinnen und Österreichern nicht in dem Maß zugänglich oder bedeutsam, wie sie es als unser aller kulturelles Vermögen und Teil der Sammlung Österreich sein sollten.

Die Teilhabe der Bevölkerung an den Angeboten der Museen ist daher wesentlicher Bestandteil einer umfassenden Diskussion, die auf Initiative von Bundesministerin Dr. Claudia Schmied seit Beginn dieses Jahres geführt wird.

Warum ist das überhaupt nötig? Aus wirtschaftlichen Gründen allein sicher nicht.

Eintrittsgelder sind zwar heute eine wichtige Einnahmequelle der Bundesmuseen, sie können aber nicht der einzige Grund sein, warum mehr Menschen – und vor allem mehr Österreicherinnen und Österreicher – in unsere Museen gehen sollen.

Am Anfang der Diskussion stand daher die Frage: Was sind Museen in unserer Zeit überhaupt? In unserem Grundsatzpapier heißt es dazu auszugsweise:

> „Das Museum ist ein meinungsbildender gesellschaftspolitischer Faktor, dessen Einfluss weit über den Kulturbetrieb hinausgehend auch soziale, wirtschaftliche und politische Denk- und Aktionsfel-

der betrifft. Bundeskulturpolitik sieht daher Museen als wichtige Impulsgeber in einer sich verändernden Gesellschaft. Und: Die Aktivierung und Optimierung der Teilhabe der Bevölkerung an der Sammlung Österreich sollte daher noch vor den traditionell definierten Aufgaben der Museen – Sammeln, Bewahren, Erforschen, Präsentieren – an der Spitze der Museumsleitbilder stehen."

Vor allem diese Forderung nach einer Optimierung der Teilhabe der Bevölkerung als oberstes museumspolitisches Leitziel hat in den Diskussionsrunden zu teils heftigen Reaktionen geführt.

Natürlich bezweifelt niemand, dass Museen zuallererst einmal Orte sind, an denen das kulturelle Erbe bewahrt, erforscht und präsentiert wird. Diese Aufgaben können aber nicht Selbstzweck sein, sondern bilden die *Voraussetzung* dafür, die Inhalte der Museen den Besuchern in zeitgemäßer Form nahezubringen. Das *Ziel* dagegen muss sehr wohl die Wahrnehmung des Museums in der Öffentlichkeit sein – und daraus resultierend die qualifizierte Teilhabe möglichst vieler Menschen an den Sammlungen. Diese Forderung ist auch keineswegs die Erfindung einer vorübergehenden politischen Laune; wir können uns hier durchaus auf politisch unverdächtige Vorreiter berufen. „Das Museum soll zur Unterhaltung und zur Belehrung des Publikums offen stehen", sagte schon Großherzog Ludwig I. von Sachsen anlässlich der Gründung des Hessischen Landesmuseums 1820.

Was aber sind Museen in *unserer Gesellschaft* oder was sollten sie sein? In der öffentlichen Wahrnehmung haben sie bei allen Bevölkerungsschichten ein sehr hohes Ansehen; sie sind neutrale Orte des Schönen, Wahren und Guten, das unhinterfragt und gläubig bestaunt wird. Die gängige Sammlungsdarstellung in unseren Museen ist dabei vielfach eine chronologische Auflistung der Bestände. Warum das so ist, oder ob es vielleicht auch anders sein könnte, erklärt allerdings niemand, und kaum jemand fragt danach. Darüber hinaus haben sich Museen in den vergangenen Jahren auch sukzessive zu „Event Locations" entwickelt, zur Bühne einer kleinen Gruppe; zu Orten, die „in" sind.

Tatsächlich ist ein Museum aber wesentlich mehr; es ist ein Massenmedium, das seine Inhalte permanent an Millionen Menschen vermittelt. Allein in Österreich besuchen jährlich rund 3,7 Millionen die Bundesmuseen und mehr als 12 Millionen die Museen in den Bundesländern (allein dieser Vergleich gibt einigen Grund zum Nachdenken über den eingangs erwähnten Anteil der heimischen Besucher; Deutschland verzeichnet jährlich mehr als 80 Millionen Museumsbesucher).

Es ist daher erstaunlich, dass es kaum Diskussionen darüber gibt, welche Inhalte sie eigentlich vermitteln (sollen). Dabei besteht durchaus reges öffentliches Interesse an ihrer Tätigkeit. Nur dreht sich dieses fast ausschließlich um Kunstmuseen – und hier wiederum vor allem um deren Sonderausstellungen oder die Darstellung gesellschaftlicher Ereignisse.

Wir glauben daher, dass sich im Museumsbereich gar nicht die Frage stellt, ob die Programme in der Metropole umfangreicher oder gar konfliktfreudiger als in der Provinz sind. Was die Museen betrifft, so existiert derzeit kein ausreichendes Bewusstsein für deren programmatische Arbeit und deren Inhalte. Wer fragt nach der Botschaft, die den Besuchern in der Art der Präsentation einer Sammlung vermittelt wird? Es gilt daher zuallererst das Bewusstsein zu schaffen, dass Museen Massenmedien sind, deren Inhalte für die Gesellschaft eine hohe Relevanz haben.

Museen haben Deutungs- und Aussagekraft. Wie wir historische, künstlerische und gesellschaftliche Phänomene und Entwicklungen wahrnehmen und wie diese unser heutiges Leben beeinflussen, ist in erster Linie das Ergebnis öffentlicher Diskurse. Museen sollten daher aus der Gegenwart heraus argumentieren, Fragen nach der Aktualität ihrer Darstellungen stellen, auch utopisch und provokant sein und Räume schaffen, wo keine einheitlichen Meinungen dargestellt, sondern Meinungen zur Diskussion gestellt werden. Museen sollten Orte sein, die sich immer wieder neu erfinden, um mehr zu sein als eine Bühne für ein chronologisches Auflisten der Vergangenheit – und damit auch abseits spektakulärer Sonderausstellungen ihr Publikum ansprechen.

Das Bild, das von den Museen derzeit in den Medien – und damit in den Köpfen der Menschen – kursiert, führt dagegen zu einer zunehmenden Entfremdung von der Bevölkerung. Wird etwa über Finanzierung geredet, geht es in erster Linie um Sponsoren, die natürlich für die positive Entwicklung der Museen wichtig sind und eigentlich immer waren. Gleichzeitig wird in diesem Zusammenhang aber auch immer häufiger der wirtschaftliche Nutzen musealer Tätigkeit in den Vordergrund gerückt – allerdings ohne Berücksichtigung des inhaltlichen Hintergrunds. Wenn man die tatsächlichen Zahlen betrachtet, dann betragen die Sponsorgeldern im Jahr 2007 nur 4,6 Prozent des Gesamtaufwandes für alle Bundesmuseen (6,4 Mio. gegenüber 138,4 Mio. Euro).

James Cuno, Direktor des Courtauld Institute of Art in London, meinte dazu bereits vor einigen Jahren:

> „The more (art) museums look like multinational corporations and the more their directors sound like corporate CEOs, the more they risk being cast by the public in the same light. We are on the verge of joining the other distrusted professions – lawers, politicians, the clergy, and corporate executives."

Welch tagespolitisch relevanter Satz!

Betrachtet man die Berichterstattung über unsere Bundesmuseen oder auch nur die parlamentarische Anfragen von Abgeordneten an die Kulturministerin, dann haben wir diesen Punkt längst erreicht: Museen werden heute mehr als Wirtschaftsbetriebe betrachtet, und so ist es kaum verwunderlich, dass die Öffentlichkeit stärker an finanziellen Aspekten interessiert ist als daran, was die eigentliche Aufgabe der Museen ist und für wen sie diese erfüllen; oder daran, wer der eigentliche Eigentümer der Sammlungen ist – und daher auch ihr Nutznießer sein sollte.

Kaum jemand redet von denen, die die Museen nach wie vor in der Hauptsache finanzieren oder jedenfalls einen wesentlichen Anteil an deren Finanzierung haben: von den Steuerzahlern. Letztere sind aber gerade dabei, wieder besondere Bedeutung zu gewinnen. Vor kurzem habe ich im Rahmen einer Reise in die USA auch eine Reihe von Museen besucht, die dort im Wesentlichen auf private Unterstützung angewiesen sind. Diese Museen bekommen die Auswirkungen der aktuellen Finanzkrise derzeit stark zu spüren, und diese Entwicklung wird auch an den österreichischen Museen nicht spurlos vorübergehen. Allein der Zusammenbruch von Lehman Brothers hat dem Kulturbereich 39 Mio. Dollar jährlich entzogen.

Die Allgemeinheit wird also wieder stärker bei der Finanzierung der Museumsprogramme gefordert sein, und dabei wird die Frage nach der eigentlichen Aufgabe der Museen nicht ausbleiben. Denn ohne klare Botschaft über die Bedeutung der Museen für die Menschen in unserem Land wird sich deren Bereitschaft zur Förderung der Museen in Grenzen halten, ebenso wie das Interesse an deren Programmen.

Wir sehen Museen im eigentlichen Kern ihrer Aufgabe als wichtige Bildungseinrichtungen und als meinungsbildende kulturelle Nahversorger der Bevölkerung. Sie müssen mit ihren Sammlungen daher präsent sein; und das nicht nur im Zentrum, sondern auch an der Peripherie, in den Bundesländern. Wir haben daher bereits im Zuge der museumspolitischen Initiative gefragt, wie diese „Nahversorgung“ funktionieren könnte und wie weit überhaupt das Interesse an einer intensiveren Kooperation zwischen Bundes- und Regionalmuseen geht. Dabei hat sich gezeigt, dass es durchaus Bedarf dafür gibt, dass die Museen aber in erster Linie selbst daran arbeiten müssen, diesen zu decken – die Kontakte also zwischen den Museen laufen müssen und nicht zentral verordnet werden können.

Das Kulturministerium hat beispielsweise eine ausführliche Gesprächsrunde mit den Direktoren der Landesmuseen veranstaltet und dabei einige wichtige Impulse für künftige museumspolitische Entscheidungen erhalten. In diesen Gesprächen – wie auch immer wieder beim Besuch von Museen in den Bundesländern – zeigt sich nämlich durchaus, dass die programmatische Arbeit, die dort geleistet wird, mitunter provokanter, innovativer und wesentlich weniger harmoniebedürftig ist als in den Kulturinstitutionen des Bundes.

Wir würden uns daher wünschen, dass der Dialog zwischen Bundes- und Regionalmuseen intensiver geführt wird. Wir würden uns auch wünschen, dass in der Berichterstattung über die Museen der derzeitige Überhang zugunsten der großen Kunstmuseen (derzeit 90 Prozent der Berichterstattung über Museen) mehr auf die Kultur- und Regionalmuseen verlagert wird.

Ein gemeinsames Marketingprogramm zur österreichweiten Vermittlung der Inhalte der Museen, eine umfassende digitale Plattform, die die gesamte Sammlung Österreich erfasst und sichtbar macht, sowie darauf aufbauende Informations- und Vermittlungskonzepte wären dafür logische Maßnahmen.

Für die Bundesmuseen hat Kulturministerin Dr. Claudia Schmied bereits erste Leitlinien für eine künftige Museumspolitik formuliert. Ein wesentliches Anliegen ist es dabei, dass die Menschen die Museen als *ihre* Sammlungen verstehen. Vor allem sollen die kommenden Generationen von MuseumsbesucherInnen die besten Möglichkeiten erhalten, sich intensiver mit den Sammlungen auseinanderzusetzen. Künftig soll daher für Kinder und Jugendliche bis 19 Jahre der Eintritt in die Bundesmuseen kostenlos sein. Im Museum Moderner Kunst in Wien lief dazu im September und Oktober mit großem Erfolg ein Pilotprojekt, nicht zuletzt wegen des damit verbundenen Vermittlungsangebots.

Diese und weitere Maßnahmen aus der museumspolitischen Initiative sollen in den kommenden Monaten zügig umgesetzt werden. Themen wie die Schwerpunkte bei der Ausstellungsplanung, die Vermittlung eigener Sammlungsbereiche, die zu vermittelnde Botschaft der Präsentationen oder das Verhältnis der Museen zu ihren Besuchern werden hier eine wesentliche Rolle spielen, ebenso wie Forschungspläne und die überregionale Zusammenarbeit zwischen den Museen Österreichs.

Wenn wir diese Grundlagen gemeinsam erarbeiten können, wird sich auch die Frage nach dem Konflikt zwischen Peripherie und Zentrum erübrigen; denn dann sollten die Sammlungen des Bundes und auch jene in den regionalen Museen als gemeinsames kulturelles Vermögen erkannt und anerkannt werden.

Kapitel 3
Gegenkulturen

Ljubomir Bratic

Gegenkultur ist eine Kultur des Konfliktes

Die folgenden Ausführungen haben drei Teile. Der erste Teil bezieht sich auf den Einladungstext zu dem Panel „Gegenkultur" im Rahmen der Veranstaltung „Kultur – Harmonie und Konflikt" in Innsbruck am 20.11.2008. Im zweiten Teil beschäftige ich mich mit dem Begriff „Gegenkultur heute" und dessen engen Verknüpfungen mit dem Begriff der Politik, und im dritten Teil werde ich auf ein aktuelles Beispiel gegenkultureller und gleichzeitig politischer Aktivitäten eingehen wie auf politischen Antirassismus.

I.

Das Panel zur Gegenkultur wurde in dem Konferenzprogramm mit folgenden Worten angeführt:

> „Beim Thema ‚Gegenkulturen' fragen wir uns, was aus dem Umbruchjahr 1968 wurde. Wie verhält sich die Neue Linke? Welche Interessen und ‚Irrlehren' stehen allgemein hinter Ideologien? Welchen Widersprüchen unterliegt die Vermarktung von antikapitalistischen Bewegungen?"

In diesem Zitat wird eine Reihe von Fragen eröffnet, und es bedarf einer Reihe von Antworten, um diesen Komplex einigermaßen zu klären. Was das Jahr 1968 betrifft, hat es mich, der ich im ehemaligen Jugoslawien sozialisiert wurde, nicht unmittelbar betroffen. Für mich waren die 1970er Jahre viel wichtiger. Die Frage ist aber ganz allgemein, ob da nicht zu viel ins Jubilieren investiert wird. Vielleicht, um von dem abzulenken, was in der Gegenwart sich abspielt. Jedenfalls, in Jugoslawien wirkte sich die weltweite Aufbruchstimmung der 68er-Bewegung in den Forderungen aus, die – nicht nur antifaschistischen, sondern auch sozialistischen – Revolutionsversprechungen zu verwirklichen. Es ging gegen die „rote Bourgeoisie". Die Studenten auf der Straße verlangten „mehr Kommunismus". Diese Bewegung hatte wie überall im Westen ihre Wurzeln an den Universitäten und war im Kulturfeld in Form sogenannten „schwarzen Films" oder in der Malerei mit Konzeptualismus stark vertreten. Mladen Stilinovic, dessen Ausstellung von 17.9. bis 2.11.2008 in Innsbruck im Taxispalais zu sehen war, ist ein fast paradigmatisches Beispiel dieser Art von Kunst. In der Philosophie drückte sich diese Aufbruchstimmung in der Praxis-Gruppe mit der Zeitschrift „Praxis" und den Sommerschulen auf der Adria-Insel Korcula aus. Die Praxis-Gruppe in den 1960er und 1970er, und die Lacan-Schule in den 1990er Jahren sind bis heute zwei wichtige Punkte für die Entwicklung der Philosophie auf dem Gebiet des ehemaligen Jugoslawien im 20. Jahrhundert.

Die Neue Linke, die im Fall von Jugoslawien die alte Linke an die gegebenen Versprechungen erinnern wollte, war die Generation, für die der alte Konsens, die Normalität nicht mehr eine absolute Gültigkeit besaß. Es ging darum, einen realistischen Blick auf die Partisanenmythologie zu bekommen (Zelimir Zilniks Film „Ustanak u Jasku“ gab einen realistischen Blick auf die sozialen Verhältnisse), es gab Obdachlose, es gab Arbeitslose und es gab Arbeiter, die das Land in Richtung Westen verließen ... nichts davon spielte in der offiziellen und öffentlichen Diskussion eine Rolle. Genau diese Themen haben sich die „neuen Linken“ vorgenommen. Sie versuchten, eine sozialistische Lösung dafür zu finden. Hinter der Behandlung dieser Themen verbarg sich natürlich ein Aufruf gegen die herrschenden bürokratischen Verhältnisse, gegen die Verwaltung.

Auf die Frage „Welche Interessen und ‚Irrlehren‘ stehen allgemein hinter Ideologien?“ kann hier nur allgemein konstatiert werden, dass die Frage nach der Ideologie immer im Rahmen einer anderen Ideologie gestellt wird. Nun zur letzten Frage: „Welchen Widersprüchen unterliegt die Vermarktung von antikapitalistischen Bewegungen?“ Antikapitalistische Bewegungen kaufen und verkaufen nicht, um eine Wertsteigerung und Profitmaximierung zu erzielen. Das ist ein prinzipieller Ausgangspunkt; z.B. treten die „Sozialforen“, die im letzten Jahrzehnt als Sammelbecken von antikapitalistischen Bewegungen fungierten, kaum als Vermarkter von irgendetwas auf, was vergleichbar wäre mit dem, was im Kapitalismus Ware genannt wird. In ihrem Kampf für eine „andere Welt“ sind die Sozialforen aber sehr wohl auf die Unterstützungen angewiesen. Innerhalb des Diskurses der Sozialforen geht es um die Frage der Allianzen, Bündnisse usw. Der Markt der antikapitalistischen Bewegungen ist ein Platz des politischen Austausches und nicht ein Raum der Warenzirkulation. Die Interessen, die im Kapitalismus und in den Sozialforen im Spiel sind, sind nicht miteinander vergleichbar. Es sind zwei miteinander nicht vergleichbare Logiken. Die Ware der einen ist nicht vergleichbar mit der Ware der anderen. Man kann die dahinterstehende Arbeitskraft nicht miteinander vergleichen. Insofern stehen die antikapitalistischen Bewegungen in einem konstitutionellen Widerspruch zur kapitalistischen Bewegung. Nicht, indem sie sich außerhalb des Kapitalismus stellen, sondern indem sie sich auf einer immanenten, allen gemeinsamen Ebene für die Gleichheit einsetzen – im Gegensatz zur Wirklichkeit der Ungleichheit des weltweiten Kapitalismus. Dazu kommt die zentrale Eigenschaft des Prozesses der Vermarktung, des Marktes, nämlich die, dass es sich um einen Rückkoppelungsprozess handelt, der vor allem dazu da ist, das Bestehende aufrechtzuerhalten: Etwas wird in Hinblick auf etwas Bestehendes, um dessen Bestand zu vermehren, vermarktet. Die Zukunft spielt in diesem Gleichnis nur eine Rolle, insofern es dem Gleichen zu einem weiteren Bestand verhilft. Umgekehrt spielt die Zukunft in den antikapitalistischen Bewegungen die Rolle des Orientierungspunktes, denn es geht darum, das Feld des Sichtbaren, Sagbaren und Denkbaren neu zu zeichnen. Und die Neuzeichnung steht in einem kontradiktorischen Verhältnis zur dem Bestehenden.

II.

Nun aber zum zweiten Teil meiner Ausführungen: Wenn es überhaupt so etwas wie eine Gegenkultur gibt, dann kann es sie nur als Konflikt geben.[1] Die Kultur ist ein Teil der gesellschaftlichen Verhältnisse. Es gibt innerhalb dessen, was Kultur[2] genannt wird, getreu dem Bild der Gesellschaft, die für uns Gültigkeit hat, die Normalität der Verhältnisse und deren Infragestellung. Die Infragestellung der Normalität der Verhältnisse, der kulturellen Normen, die ein Teil der vorherrschenden gesellschaftlichen Verhältnisse sind, erfolgt durch einen Bruch. Durch den Moment des Konfliktes. Dieser wird durch die in die Gemeinschaft eingebracht, die bis dahin nicht ein anerkannter Teil davon waren.

Der Begriff der Gegenkultur ist derzeit eng gebunden an die antikapitalistischen Bewegungen. Der Vorherrschaft der Ungleichheit und Ausbeutung wird eine bessere, andere Welt entgegengesetzt, eine gemeinsame egalitäre Welt aller. Indem es die Kultur als ein gegenkonsensuales Handeln, als Konflikt, gibt, wird es unvermeidlich, sie mit dem Bereich der Politik in Verbindung zu bringen.[3] Somit können wir die Gegenkultur als einen Teil einer politischen Bewegung, deren Ziel die Emanzipation ist, auffassen.[4] Die Gegenkultur ist dabei eine ungenaue Bezeichnung, denn das Gegen in dem Begriff „Gegenkultur" bezieht sich nicht auf die Mainstream-Kultur, sondern auf die gesellschaftlichen Verhältnisse, die durch diese Mainstream-Kultur gestützt werden. In diesem Sinne ist es verständlicher, von einer Kultur des Konfliktes im Unterschied zu einer Kultur des Konsenses zu reden.[5] Diese Unterscheidung finden wir im Bereich der Politik in der Unterscheidung zwischen einerseits Verwaltung, dem Reich der Gouvernementalität[6] und demjenigen der Polizei[7], und andererseits der Politik als Versuch, das Prinzip der Gleichheit aller in der Gesellschaft zu aktualisieren. Die Rolle der Kultur des Konfliktes innerhalb der bestehenden Kultur des Konsenses ist es, langfristig die Gedanken an die Möglichkeit einer Veränderung des Bestehenden aufrechtzuerhalten. Der Gedanke, der sich in bestimmten Momenten und immer wieder zur Möglichkeit einer Veränderung verdichtet.

Die Realisierung des politischen Momentes erfolgt entlang der dreifachen Linien von Klasse, Rasse und Geschlecht. Hinter jedem dieser Begriffe versteckt sich eine ideologische Bestrebung. Ideologie im Sinne eines Arsenals von Vorstellungen, die den politischen Subjekten in Verfolgung politischer Zielsetzungen Zusammenhang und Inspiration verleihen (Lenin). Mehr noch, die Ideologie ist als ein „aktiver, organisierender und psychologisch ‚gültiger' Kampf zu verstehen, die das Terrain bildet"[8], wo gekämpft wird und wo sie gleichzeitig ein Bewusstsein ihrer eigenen Position in der Gesellschaft erwirbt (Gramsci). Mit ideologischen Bestrebungen, die einen Anspruch auf Wahrheit haben, die diese eigene Wahrheit der Wahrheit des vorherrschenden Paradigmas entgegensetzen.

Die Frage nach dem politischen Subjekt bildet das Zentrum der theoretischen Auseinandersetzungen im Rahmen einer Kultur des Konfliktes. Wenn wir das oben erwähnte Dreieck von Klasse, Rasse und Geschlecht, als drei paradigmatische Beispiele des politischen Kampfes im Westen in den letzten hundert Jahren aufnehmen, können wir behaupten, dass es sich um politische Subjekte des Proletariats, der MigrantInnen und der Frauen handelt. Ein politischer Gewinn ist nicht die bloße Tatsache des Bestandes dieser Figuren, sondern ihre Dauer und die Entwicklungsprozesse innerhalb der gesellschaftlichen Verhältnisse – die mit ihren Bestand in einer engen Verbindung steht. Es sind Figuren *in actu*. Es handelt sich nicht um eine entlang der Differenzen zufällig gruppierte Ansammlung von Individuen, sondern vielmehr um eine bestimmte Konfiguration bestimmter Wahrheitsprozeduren und deren materieller Grundlagen, die sich unter anderem auch in den Vertretungen und Handlungen der Individuen äußern. Das heißt, dass es eine oder mehrere partikuläre Positionen in der Gesellschaft gibt, die bestimmte Handlungen in Richtung Veränderung setzen und dadurch einen universellen, für alle geltenden Anspruch erheben, die Gesellschaft als Ganzes und für alle zu verändern. Wenn z.B. die Forderung der MigrantInnen nach offenen Grenzen erfüllt wird, dann muss es zu einer weltweiten Neukonfigurierung des ideologischen und praktischen Moments des Nationalstaates kommen. Um die Gleichheit (und nicht die Gleichstellung) der Frauen und der Klassen zu realisieren, muss es zu einem weltweiten Veränderungsprozess, z.B. demjenigen der Umverteilung von symbolischem und sonstigem Kapital, kommen. Die Wahrheiten dieser politischen Subjekte beanspruchen für sich, Teil der weltweiten Konfiguration zu werden, nicht um diese, im Sinne der geopolitischen Machtkategorie des „eurozentrischen Universalismus“[9], einzuengen, sondern sie im Sinne eines allgemeingültigen Prinzips der *egaliberte*[10] weltweit zu erweitern und durchzusetzen.

Da liegt auch der Unterschied zwischen Politik und Verwaltung. In der Politik geht es um eine weitere zukünftige Realisierung des bisher Unmöglichen und um eine Erweiterung des Bestehenden. In der Verwaltung geht es immer um die Befestigung, Erhaltung und Weiterverbreitung des Bestehenden. In beiden Fällen geht es ums Ganze, nur dass die eine Normalität erhaltende Linie den Standpunkt vertritt, an das Ende der Geschichte gelangt zu sein, und die andere prinzipiell davon ausgeht, dass in einer solchen Welt, wo die Ungerechtigkeit und Ungleichheit vorherrscht, es darauf ankommt, eine Veränderung dieser Welt einzufordern und zu erwirken. Für welche der beiden Optionen sich ein politisch denkendes Individuum entscheidet, ist eine komplexe Frage. Festzustellen ist aber, dass die Antwort darauf oft in Verbindung zu bringen ist mit der gesellschaftlichen Position.

Es ist nicht zu bestreiten, dass unsere gesellschaftliche Praxis für bestimmte Vorstellungen unzureichend ist, und wenn wir diese Vorstellungen denken und entwickeln wollen, dann müssen wir unsere Lebensform ändern.

Die Wahrheiten der politischen Subjekte beanspruchen, Teil der Allgemeinheit zu werden, indem sie sich und gleichzeitig die Allgemeinheit verändern. Und da diese Allgemeinheit keineswegs das Ende der Geschichte, sondern nur ein Moment der Geschichte ist, ist eine solche Transformation möglich und seitens der politischen Subjekte erstrebenswert. Die politischen Subjekte sind selber bestimmte Konfigurationen, Schöpfungen der Verhältnisse: Die politische Figur des Proletariats kann nur innerhalb von Kapitalprozessen gedacht werden, die von Frauen nur innerhalb des Patriarchats und die von MigrantInnen nur in Rahmen eines rassistischen nationalstaatlichen Regimes. Sie werden zu politischen Subjekten, indem sie diese Verhältnisse erkennen und indem sie sich als Handelnde gegen diese – mit dem Ziel, sie zu verändern – stellen. Ihre Wahrheit ist ein Ausdruck eines Verhältnisses. Ein Ausdruck dessen, wie sie im Verhältnis zu sonstigen gesellschaftlichen Gruppen leben: ArbeiterInnen zu InhaberInnen der Produktionsmittel, Frauen zu Männern und MigrantInnen zur Figur der StaatsbürgerInnen.

Aber diese politischen Subjekte sind auch ein Ausdruck eines universellen gesellschaftlichen Moments, desjenigen, das als eine Bestrebung nach Emanzipation beschrieben werden kann. Die Herrschenden müssen, um zu herrschen, sich auf die Bedürfnisse der Beherrschten einstellen, während das Verhältnis zur Welt der Beherrschten durchaus durch die herrschende Ideologie – die eine der Herrschenden ist – beeinflusst und gestaltet wird. Das scheint ein Zirkel zu sein. Aber es gibt immer und auf allen Seiten einen Rest, einen Überschuss, der dazu beiträgt, dass die Beziehungen der gesellschaftlichen AkteurInnen nie vollkommen voraussehbar (und somit auch kontrollierbar) sind. Wenn diese Figuren der ArbeiterInnen, der Frauen und der MigrantInnen als AgentInnen der Veränderungen auftreten, liegt das daran, dass sie diese Rolle aufgrund der strukturellen, materiellen und nicht zuletzt auch subjektiven Gründe übernehmen. In diesem Sinne kann auch behauptet werden, dass der Kapitalismus dasjenige System ist, das durch seine inneren Widersprüche die politischen Subjekte zu seiner Bekämpfung hervorbringt. Oft gestellte und nie endgültig beantwortete Frage dabei ist die, wie es zur einer Aktivierung dieser Subjekte der Veränderung kommt.

III.

Auf was blicken wir zurück, wenn wir Antirassismus im Kontext des österreichischen Staates sagen? Zunächst einmal auf eine lange Geschichte der Transformationen des Nationalstaates Österreich. Da ist Joseph II. mit seinen Toleranzpatenten, genauso wie die Austromarxisten mit ihren Abhandlungen zu Nationalitätenfragen, und nicht zuletzt die Zweite Republik, die – aus den Trümmern der Ostmark entstanden – einerseits auf eine Opferrolle pocht und andererseits der Sozialpartnerschaft huldigt. Da sind die Kämpfe der Arbeiter um Wahlrecht und Sozialismus, die Kämpfe der Frauen um Wahlrecht und Emanzipation. Und da ist auch die in den 1960er Jahren entstandene Zivilgesellschaft. Innerhalb dieser geschichtlichen Linien befindet sich auch der Diskurs des politischen Antirassismus. Mehr noch, er ist entstanden mit dem Blick auf diese historischen Transformationen und Kämpfe um die Rechte, die dahinterstanden. Entstanden ist er in einer Tradition der Bemühungen um die Veränderung der Gesellschaft, und dies nicht nur innerhalb des engen nationalstaatlichen Rahmens, sondern im Bewusstsein, dass wir alle auf *einer* Welt leben, und mit einem Rückgriff auf die Position der AkteurInnen. Das letzte heißt keineswegs die Vernachlässigung der Arbeit an der Theorie, es heißt nur, dass die Theorie ohne Praxis innerhalb dieses Denksystems keine Theorie ist, sondern höchstens ein Instrument der Erhaltung des Bestehenden. Und das Bestehende, die Normalität, um deren Verständnis sich der politische Antirassismus bemüht, ist ein durch und durch rassistisch strukturiertes Gesellschaftsmuster. Nicht eines, das vergangen ist, sondern eine Art Konsens, in dem alle vorherigen Auseinandersetzungen Spuren hinterlassen haben, aber auch eine Art Selbstverständnis gebildet hatten, das seitens der antirassistischen AkteurInnen in Frage gestellt wird. Das Normale ist nicht normal, sondern ein Ergebnis eines langwierigen Normalisierungsprozesses, der auch anders hätte verlaufen können. Und, was viel wichtiger ist, auch anders in Gang gesetzt werden kann. Veränderungen sind möglich, und jeder und jede kann innerhalb der bestehenden Verhältnisse, in denen sie sich befinden und werkeln, dazu etwas beitragen.

Die Verhältnisse heißen Rasse, Klasse, Nation, Geschlecht, Kultur usw. Dies zu verändern, auf dessen Aufhebung hinzuarbeiten, ist das primäre Ziel des politischen Antirassismus. Auf diesem Wege wird und muss einiges in Frage gestellt werden. Zum Beispiel das schon erwähnte Toleranzkonstrukt, das wir als ein asymmetrisches Herrschaftsinstrument entlarven, wie das seit den 1980er Jahren vielstrapazierte Unwort „Integration“ oder das vielbeschworene Konstrukt des Dialoges. Einen Dialog kann es nur geben, wenn es eine gemeinsame Bühne gibt. Solange das nicht der Fall ist, kann es keine Rede von Dialog geben. Das Ziel der politischen Auseinandersetzungen ist die Errichtung dieser Bühne. (Einer Bühne z.B., auf der die Sprache der MigrantInnen nicht mehr als Emotionalität, sondern als rationale Argumentation wahrgenommen wird.) Die Errichtung der Bühne, um einen Dialog zu ermöglichen, heißt nichts anderes als eine Neukonfigurierung des Gemeinschaftskonsenses. Insofern können wir von der Bühne als eine Normalität einer bestimmten Konfiguration ausgehen. In einem politischen Moment wird die Selbstverständlichkeit dieser Normalität abgeworfen und eine Neukonfigurierung, eine neue Wahrheit implementiert. Ein Wahrheitsregime, das bestimmte von den politischen Subjekten geforderte Formen der Kommunikation zulässt. Formen, die bis dahin nicht als Teil des Konsenses gegolten haben. Solange dies nicht der

Fall ist, geht es bei allen Bestrebungen der politischen Subjekte heutzutage darum, diese Ebene zu erreichen.

Die Toleranz war in politischer Hinsicht nie etwas mehr als ein asymmetrisches Machtkonstrukt. D.h., dass die Tolerierenden von den Tolerierten als Tolerierende nicht toleriert werden können. Für die Dekonstruktion solcher Kollektivbegriffe gibt es Techniken, die im Rahmen dieses Textes nicht erörtert werden können. Aber als erster Schritt genügt es, wenn wir alle die Grundfragen stellen: „Wer", „Was", „Wie", „Wo" und in Hinblick auf welches Ziel was getan wird. Werden diese Fragen konsequent angewendet, kommen wir auf die Ebene der Struktur. Genau auf die Struktur, die im Rahmen der theoretischen Auseinandersetzungen neben der Position von AkteurInnen den zweiten wichtigen Grundbegriff des politischen Antirassismus darstellt. Es geht dabei nicht darum, irgendwelche pathologischen Fälle zu lösen, es geht auch nicht darum, irgendwelche individuellen Missschicksale auf den richtigen Weg zu lenken, auch nicht den Modernisierungsverlierern unter die Arme zu greifen oder Courage in den einzelnen Situationen zu zeigen. Um nicht missverstanden zu werden: Auch diese Tätigkeiten sind in einer Gesellschaft, wie unsere eine ist, in der es so viele Ausgebeutete und so wenig Sonnenkinder gibt, notwendig und sinnvoll. Nur: mit dem Antirassismus haben sie nichts zu tun. Politischer Antirassismus beginnt an dem Punkt, wo es darum geht, die Bedingungen der Möglichkeit und den Bestand dieser Tätigkeiten (und aller anderen sonst) herzustellen. Dort, wo es, wenn wir beim Gedankengang des Dialogs verbleiben, darum geht, die gemeinsame Bühne zustande zu bringen. Eine Bühne, wo es eine Gleichheit der den Dialog führenden Parteien geben kann. Das hat nichts mit einem Individuum zu tun, sondern allein mit der Art und Weise, wie Kollektivitäten funktionieren. Zugegebenermaßen ein veraltetes Wort, aber der derzeitige Individualismus ist genauer betrachtet auch nichts anderes als ein integraler Bestandteil einer Art von Kollektivität, nämlich derjenigen, die als ihren ideologischen Grundpfeiler die Ungleichheit hat und die diesen mittels Herrschaftstechniken wie Rassismus, Klassismus, Geschlechterproduktion, Ethnisierungen, Kulturalisierung usw. erhält und stabilisiert. Um dieses Herrschaftsverhältnis zu durchkreuzen, genügt nicht nur dessen Konstatierung, sondern es muss auch daran gearbeitet werden, was es darüber hinaus geben soll, nämlich an den Utopien. Die Utopien haben die Eigenschaft, sich zu verwirklichen. Die Utopie der Arbeiter und der Frauen, Wahlrecht zu bekommen, wurde verwirklicht; warum sollte auch die Wahlberechtigung der Migrantinnen und Migranten nicht durchgesetzt werden – und zwar ohne Ausnahmen und auf allen Ebenen? Es ist nur die Frage der Zeit. Wir leben in einer Welt, in der es kein Außen mehr gibt. Die Hülse des Nationalstaates hat trotz der Ratlosigkeit, die dieses Verschwinden mit sich bringt, und trotz der gegenwärtigen, durch die herrschende Krise des Finanzkapitals bedingten Rede von Stärkung des Staates ausgedient. Die Frage ist also nicht, wie der Nationalstaat erhalten werden soll, sondern wie die Errungenschaften der sozialen Kämpfe eine Fortsetzung finden sollen. Eine Fortsetzung ohne Ausschlüsse, die wir bisher als Teil des nationalstaatlichen Diskurses charakterisiert haben.

Dieser Prozess beinhaltet sowohl das Hinterfragen der eigenen Position innerhalb der Struktur als auch die Arbeit an einer politischen Subjektivierung innerhalb eines langen laufenden Prozesses. Eine mühevolle Arbeit, zugegebenermaßen, denn die Privilegien sind eben deswegen Privilegien, weil sie nicht allen gehören. Ohne dass diese in einem konfliktreichen Prozess – in dem Konflikte auch inszeniert werden, wo Allianzen sich herausbilden, wo Taktiken und Strategien der Veränderung sich die Hand geben – in Frage gestellt werden, würden wir nur das Bestehende bestätigen.

Antirassismus ist eine Arbeit an der Veränderung der Strukturen der Gemeinschaft. Dies macht ihn politisch. Und ein Antirassismus, der nicht politisch ist, ist kein Antirassismus.

Anmerkungen

1 Konflikt denke ich nicht als Teil des rechten, mit Ressentiments beladenen Kulturbegriffes, der nichts anderes ist als ein Versuch der ideologischen Rechtfertigung der neuzeitlichen Imperialismuskriege, wie der in den Ausführungen von Samuel P. Huntington, aber auch bei seinen anderen Kollegen aus der Bewegung der neuen Rechten in Amerika, Frankreich und Deutschland. Ich betrachte auch die Zusammensetzungen um das Wort „Kultur" wie Multi-, Inter-, Trans- usw. als Teil dieses Denkens. Insofern gehören sie gesondert in einer anderen Ausführung kritisch hinterfragt.

2 „Was ist Kultur?" Das Buch von Terry Eagleton ist nach wie vor eine empfehlenswerte Lektüre für diejenigen, die sich mit dem auseinandersetzen wollen, was Kultur genannt wird und wohin all diese Definitionen führen.

3 Zum hier verwendeten Begriff der Politik siehe Rancière, 2002 und 2008.

4 Auch die Mainstream-Kultur ist als Teil einer Bewegung aufzufassen. Der Unterschied ist nur der, dass die Gegenkultur Teil einer Bewegung ist, die nach Veränderung strebt, und die Mainstream-Kultur einer, die auf die Erhaltung des Bestehenden pocht. Ein Hauptcharakteristikum dieser vorherrschenden gesellschaftskonformen Kulturart, der Mainstream-Kultur, ist es, dass deren AkteurInnen den bestehenden Konsens weiter zu tradieren bestrebt sind. Die Mainstream-Kultur ist in diesem Zusammenhang gebunden an die Verwaltung, während die Kultur des Konfliktes ein Bestandteil des Prozesses der Emanzipation ist.

5 Ich verwende hier absichtlich nicht den Begriff „Konfliktkultur", weil diese, in der geltenden Bedeutung als Kanalisierung der Konfliktmöglichkeiten, gar nicht anders aufgefasst werden kann, denn als Teil der schon bestehenden Kultur des Konsenses. Seine Funktion ist, alle Konflikte als lösbare Konflikte innerhalb der bestehenden Gesellschaftsordnung darzustellen. Politische Konflikte sind diejenigen, die innerhalb der gerade gültigen Herrschaftsform nicht gelöst werden können. Eine Lösung finden sie erst, indem es zu einer Veränderung des vorherrschenden Dispositivs kommt.

6 Zum Begriff der „Gouvernementalität" siehe Foucault, 2003, 796–823.

7 Zum Begriff der „Polizei" siehe Rancière, 2002, 35–54.

8 Vgl. Eagleton, 2000, 138.

9 Vgl. Wallerstein, 2007, 8.

10 Vgl. Balibar, 1993, 99–123 und 2007 (eipcp).

Literatur

Balibar, Etienne (1993): Die Grenzen der Demokratie. Hamburg.
Balibar, Etienne (2007): Universalismus. Diskussion mit Alain Badiou. Auf: http://translate.eipcp.net/transversal/0607/balibar/de (letzter Zugriff am 1.1.2009).
Eagleton, Terry (2000): Ideologie. Eine Einführung. Stuttgart/Weimar.
Eagleton, Terry (2001): Was ist Kultur? München.
Foucault, Michel (2003): Die „Gouvernementalität" (Vortrag). In: Foucault, Michel: Dits et Ecrits. Schriften. Frankfurt am Main, 796–823.
Rancière, Jacques (2002): Das Unvernehmen. Politik und Philosophie. Frankfurt am Main.
Rancière, Jacques (2008): Zehn Thesen zur Politik. Zürich-Berlin.
Rancière, Jacques (2008): Ist Kunst widerständig? Berlin.
Wallerstein, Immanuel (2007): Die Barbarei der anderen. Europäischer Universalismus. Berlin.

Gerald Raunig

Embedded Art und das Primat des „unmäßigen Dagegen"

Zehn Männer hintereinander. Als wäre der Feminismus der 1960er und 1970er Jahre mit all seinen nachhaltigen Interventionen in die patriarchale Gesellschaft eingegangen, als wären die unterschiedlichen Wellen feministischer Theorie von der Identitätspolitik bis zu den Queer Studies, als wäre der Postfeminismus des letzten Jahrzehnts in seinen verschiedenen Versionen von den Riot-Girls bis zu den Alpha-Mädchen, als wären selbst die mainstreamigen Varianten von Gender Mainstreaming und Diversity Management spurlos am Europäischen Forum Alpbach vorbeigegangen …

Wenn ich diese Zeilen schreibe, weiß ich nicht, wie die Gender-Balance der Publikation, für die sie verfasst werden, aussieht. Im Live-Setting des Symposiums mit dem einfallsreichen Titel „Kultur – Harmonie und Konflikt" war ich jedenfalls exakt der zehnte weiße Mann in einer Reihe, der das Podium nutzen konnte; erst nach mir durfte sich die erste Frau in diesem Männerreigen zu Wort melden. Zugegeben: Außer einer vorsichtigen Intervention in der Anfragephase der Konferenz habe ich auch nicht wesentlich dazu beigetragen, die sich abzeichnende Malaise zu beeinspruchen oder gar abzuwenden. Das ist auch so ein wiederkehrendes Problem in der europäischen Konferenzen- und Publikationslandschaft: Als mehr oder weniger spektakuläre Theory-Drop-Sculptures lassen sich Experten, anstatt in die Konzeptualisierung und Planung solcher Veranstaltungen einbezogen zu werden, anstatt dass sie sich selbst in diese Planung involvieren, auf ein unbekanntes Publikum ‚abwerfen'. Um sich dann vor Ort – so sie sich nicht ohnehin gerne und affirmativ in den Expertenskulpturenpark mitsamt Empfängen, Ansprachen und Festessen werfen – zu wundern, zu ärgern, zu belustigen oder zu beschweren, in welch seltsame Inszenierung man da hineingeraten ist.

Auf den ersten Blick scheint es ja ein Paradox zu sein: Zehn Männer hintereinander, die halbwegs harmonisch über ein nicht eben streng abgestecktes Themengebiet schwadronieren, zehn Männer, die sichtbarer nicht sein könnten, in mehreren Panels aneinandergereiht, auf einer Bühne, die die Ordnung des Auditoriums überragt. Gerade das ausnehmend Sichtbare ist den OrganisatorInnen offensichtlich völlig aus dem Blickfeld verschwunden, unsichtbar geworden. Doch bei näherer Betrachtung ist dieser blinde Fleck nicht die paradoxe Ausnahme, sondern vielmehr die Regel. Das Dominante ist gerade das Unmarkierte, Unsichtbare: das Weiße, das Männliche, das Heterosexuelle, das Europäische, das Städtische, das Erwachsene etc. Gilles Deleuze beschreibt derartige Ketten des Unmarkierten gegen die Vorstellung einer rein quantitativen Majorität als *Modell, mit dem man konform gehen muss*. Konform muss man mit ihm gehen, selbst wenn das Modell keineswegs auf einer zahlenmäßigen Mehrheit beruht. Das Dominant-Unmarkierte konstruiert sich selbst als einzig wahres Modell, als Mitte, als Normalität. Und es erscheint gerade aufgrund dieser Normalisierungseffekte als höchste Form der Unwahrnehmbarkeit.

Insofern gibt es in einem solchen Rahmen auch keine „Gegenkultur" als Subjekt, weil das Dominant-Unmarkierte möglichst viel in seine Normalität integriert, alles andere jedoch, alles außer sich, alles, was die unmarkierte Ordnung der Mitte verlässt, brandmarkt, markiert, und zwar als marginal, abnormal, illegitim. Das Da*gegen* wird zum einen also einfach als Diskursiviertes vereinnahmt, vorher schon fein säuberlich jeden Stachels beraubt und zugerichtet, dann appetitlich angerichtet und ohne Umstände geschluckt. Was jedoch die Unbelehrbaren betrifft, verwahrte sich Erhard Busek schon in seinen Vorbemerkungen zur Konferenz vorbeugend gegen ein *zu* radikales Dagegensein, das in seiner Perspektive nichts weiter darstellt als die „Primitivisierung der Auseinandersetzung". Hier ordentlich-gemäßigte, kultivierte, zivilisierte Kritik, dort pubertär-primitives Dagegensein.

Das hat den Vorzug der Deutlichkeit. Das Vokabular des Kulturellen, der kulturellen Identität, der Kultiviertheit ist ein Feld, das beherrscht wird von imperialen Gesten zwischen paternalistischer Einverleibung des Anderen, Unkultivierten, Primitiven und beinharter kultureller Ab- und Ausgrenzung Marke Samuel Huntington. Und in diesem Spielraum bewegt sich auch jene neuere Form von privater Kunstförderung, die im letzten Jahrzehnt vor allem in den ost- und südosteuropäischen Ländern die Kulturalisierung des Politischen vor allem in der Kunst betreibt. VorreiterInnen dieser Strategie wie die österreichische Erste Bank spielen mit ihren kulturpolitischen Programmen nicht nur in den Auf- und Abwertungskämpfen des Kunstfelds der „Transitionsländer" mit, sondern versuchen gleich auch die Geschichte von deren kommunistischer Vergangenheit neu zu schreiben.[1] Diese neoimperiale Strategie lässt sich gut mit dem Begriff „embedded art" veranschaulichen. Anstelle kalter und gar nicht so kalter Kriege, aber auch anstelle rein ökonomischer Expansion werden nun in den neu zu bespielenden poststaatssozialistischen Märkten gerne ‚weichere' Elemente, vorzüglich Kunst, Kultur und KünstlerInnen, als Avantgarde eingesetzt.[2] Eingebettet in ökonomische Raubzüge servieren sie formale Ausstattung und ästhetische Schmiermittel, manchmal sogar hochpolitische Inhalte für eine möglichst widerspruchsfreie Erweiterung der neuen Märkte.

Warum aber machen die KünstlerInnen da überhaupt mit, teilweise sogar jene, die sich selbst als politisch, politisiert oder links begreifen? Zum einen einfach wegen ihrer prekären Arbeits- und Lebensverhältnisse, ähnlich wie im Übrigen auch ihre KollegInnen im ‚Westen', zum anderen aber, weil sie froh sind, wenn sich der begrenzten staatlichen Kulturförderung, die in manchen Ländern nach dem Sturz des Staatssozialismus in die Hände nationalistischer Eliten geraten war, ein Gegengewicht beigesellt. Dass dieses Gegengewicht nun wieder eine neue Hegemonie errichtet, gilt es mit allen Mitteln der Institutionskritik, wie sie seit den 1970ern nicht zuletzt im Kunstfeld entwickelt und verfeinert wurden, aufzuzeigen und zu problematisieren.[3] Dass die Instrumentalisierungswelle der südost- und osteuropäischen Kunstszenen in den Expansionsstrategien österreichischer und deutscher Konzerne sich wahrscheinlich auch nur als eine sehr kurze Phase erweist, wird uns möglicherweise schon bald als einer der ersten Effekte der Wirtschaftskrise verkauft werden. Und was das radikale Dagegensein betrifft, so entsteht und gedeiht es gegen die begriffliche Evidenz ohnehin nicht als sekundärer Widerstand und Reaktion auf irgendwelche ökonomische oder politische Transformationen, sondern ist vielmehr das Primäre[4], das sich zwar der Vereinnahmung kaum entziehen, aber immerhin auch seine kleinen ontologischen wie taktischen Vorsprünge zu nutzen weiß.

Anmerkungen

1 Vgl. dazu etwa die in der Zeitschrift *Kulturrisse* erschienenen Texte von Boris Buden: „Bella gerant alii ..." (03/1998) und „Mit Samt, Stein oder Blei" (01/2005), von Beat Weber und Therese Kaufmann: „Die Stiftung, der Staatssekretär und die Bank. ‚Küba' – eine kulturpolitische Reise" (01/2006) und „Stiften gehen in Ost- und Südosteuropa. Kulturpolitik ganz privat" (04/2007) sowie die in der Ausgabe 04/2008 erscheinende Diskussion von StudentInnen der Wiener Akademie für Bildende Kunst zum Erste-Bank-Seminar „Writing Central European Art History".

2 Zur Figur der Kultur als eines ‚weichen' Faktors in der europäischen Außenpolitik vgl. auch Gerald Raunig, „Die falsche Sanftmut der Kultur", in: *Kulturrisse* 01/2008.

3 Vgl. die Issues des multilingualen eipcp-Webjournals *transversal*: „Ostwärts, Kultur!" (11/2000: http://eipcp.net/transversal/1100) und „the post-Yugoslavian condition of institutional critique" (02/2008: http://eipcp.net/transversal/0208).

4 Zum Primat des Widerstands vgl. die entsprechenden Theoreme bei Mario Tronti, Gilles Deleuze oder Michael Hardt und Antonio Negri.

Rainer Langhans

Es ging weder um „Kampf" noch um „Widerstand"

Ljubomir Bratic (als Moderator): Beginnen wir jetzt zuerst mit dem Statement von Rainer Langhans, der vermutlich auch vielen von Ihnen bekannt ist als einer der Ersten oder einer der Mitbegründer der Kommune I und einer der Protagonisten sozusagen der 68er-Studentenbewegung. Und ich würde gerne gleich aber auch meine Formel *Gedächtnis und Widerstand* genau an seiner Person noch einmal überprüfen wollen, denn natürlich steht er für den Widerstand, gleichzeitig ist er heute auch zu einem Gedächtnisort geworden, zu einer Erinnerungsfigur, die uns ja auch wichtig ist. Das heißt, vielleicht beginnen wir mit der Frage: Sind Sie heute noch Student, oder kann man sich davon auch irgendwie lösen, in dieser ganz langen Biografie von vierzig Jahren Widerstand und Counter-Existenz?

Rainer Langhans: Ewiger Student, ja, müsste man schon sagen. Das nennt sich ja heute lebenslanges Lernen. Unsere Erfahrung war, dass es erst mal gar nicht um Kultur ging, im Gegenteil; wir waren ja diese Generation, die eben kulturlos sein musste, weil jede Kultur eben unter dem mörderischen Verdacht eines Massentötens stand; das heißt: *Nach Auschwitz* – der berühmte Satz – *gibt es kein Gedicht*. Deutschland war damals ein Leichenhaufen, auf dem wir als die Kinder von Mördern versuchen mussten zu überleben. Und Kultur? – Nein! Die angelsächsischen Leute, die Sieger, die haben Kultur gemacht, wenn man so will, die haben wunderschöne Musik gemacht, die haben Visuelles und eine neue Kultur eigentlich auch hervorgebracht, eine Explosion auch an Lebendigkeit, die sich dann sofort in Kultur umsetzt, denn die Gesellschaft als solche stand nicht in Frage wie bei uns – in einem extremen Maße – in Deutschland, weil wir ja nicht an die Gesellschaft, die vorige Gesellschaft anknüpfen konnten. Und das war ein relativ ruhiger Vorgang, und dann gab es etwa 1967 in Deutschland einen Augenblick, in dem – das empfanden wir auch wirklich so – weltweit alle von einem merkwürdigen, ja, man muss dieses alte Wort verwenden, „*Geist*" ergriffen waren. Niemand wusste, woher das kam, niemand wusste, wo er weht und wann er wieder ging. Und als er wieder ging – dann erst –, bildete sich das, was man dann „Gegenkultur" nennt. Das heißt: Gegenkultur ist in dieser Erfahrung von damals schon ein Niedergangsphänomen, ein – man kann sagen – insuläres, fast verzweifeltes Aufrechterhalten von kleinen Orten; das nennt sich dann

„Widerstand". In Wirklichkeit ging es uns weder um einen Kampf um irgendetwas, noch um einen Widerstand, noch um eine Form von anderer Kultur, sondern die Erfahrung, die wir hatten – und das ist auch historisch einzigartig, ich wüsste nicht, wann ein ähnliches Ereignis in der menschlichen Geschichte schon einmal vorhanden gewesen sei –, dass es zur gleichen Zeit auf der ganzen Welt, ohne damals noch die elektronischen Kommunikationsmittel, ein gemeinsames eben nicht nur Denken gab, sondern es gab ein Gefühl. Ein Gefühl – das ist natürlich auch ein begrenztes Wort, wir haben bis heute eigentlich kein Wort für das, was uns damals geschah –, das alles umfasste und das man vielleicht mit einem einfachen Satz beschreiben kann: Wir haben plötzlich mit anderen Augen gesehen, und wir haben gesehen, dass die Welt wirklich völlig anders war als das, was uns – zumal nach dieser Katastrophe in Deutschland – von unseren Eltern uns vorgelebt wurde. Dann ist es so, dass dann die ersten merkwürdigen Handlungen auftauchen, dass unsere Eltern, die dieses große, unruhige Gefühl, das wir hatten, nicht an sich heranließen, gesagt haben: „Das könnt ihr nicht!", „Das stimmt nicht!", „Das dürft ihr nicht!", oder in unserem Fall auch: „Wir reden mit euch gar nicht darüber" – jetzt in diesem Fall auch über ihre Vergangenheit. Und dann ging es erst los. Dann ging es los mit dem sogenannten Kampf. Das heißt mit dem, was nicht geht, aber doch so wirklich ist für uns. Das führt dann zu Zusammenstößen. Merkwürdigen Zusammenstößen, die zunächst noch einen – später hat man gesagt – „künstlerischen Charakter" hatten; das heißt, es gab kleinere Aktionen und Demonstrationen und dann auch größere. Das sind ja alles Kunstperformances – manche haben dann gesagt: *Happenings* – gewesen. Doch das waren sie nicht, das war alles gar keine Kunst. Wir waren dann einmal vor Gericht, und dann mussten die Professoren antreten und sagen: Das ist aber Kunst, das ist nicht gerichtsnotorisch, nichts, was sie zu beurteilen hätten. Zum Beispiel Flugblätter, die bestimmte Ideen, bestimmte Gefühle ausdrücken, die inkriminiert werden müssen. Und wir haben uns aber dagegen gewehrt, als Kunst – wie wir fanden – *abgetan* zu werden, weil wir gesagt haben: Es ist Leben. Und wenn das Leben da ist, gibt es keine Kunst mehr. Damals war das sehr deutlich. Es kamen dann Künstler zu uns und so weiter und haben gesagt: „Ihr macht uns brotlos, es gibt uns ja dann nicht mehr, wenn jetzt wirklich das Leben da wäre …"

Was ist Kunst? Kunst ist eigentlich, wenn man so will, das große Leben. Da wir das aber natürlich nicht ertragen und man nur selten in einem so kurzen Ausbruch wie 1968 in einem Supertrip von etwa einem halben Jahr oder Jahr sein darf – oder sein *kann* auch, wir ertragen das ja gar nicht –, wird das dann eben in die Nischen der Kunst verbannt und dann in den wenigen Augenblicken, in denen man nicht der Reproduktion zu dienen hat – so war es früher, inzwischen ändert sich das ja alles sehr –, wird man sich dann ein wenig über diese Sphäre der Reproduktion erheben und dann Kunst genießen, vielleicht auch selber tun. Und dann, als der Geist wieder wich von uns – und wir wussten ebenso wenig, wie uns geschah, wie vorher, als er über uns kam –, da war die Frage: *Was war denn das?* Schon währenddessen eigentlich. Der Verstand fängt ja dann an, wirklich panisch und in einer unglaublich überdrehten Weise dauernd zu fragen: „Was ist los? Was läuft hier eigentlich? Ich komm nicht mehr mit ... es ist nicht das, aber könnte es nicht das sein ...?" Man fängt an zu lesen wie irrsinnig, wälzt alles und versucht das irgendetwas zusammenzufrickeln, eine Theorie zu finden. Das hat alles natürlich nicht hingereicht, bis heute haben wir keine Theorie davon. Es überschreitet unsere begrifflichen, unsere denkerischen Möglichkeiten, unsere theoretischen Fähigkeiten. Es ist auch noch zu nah dran vielleicht.

Und dann kam – ja – so ein bisschen Kultur. Auch wir, die wir vorher weder Sex noch Drugs noch Rock 'n' Roll hatten, in dieser Hochphase – der wirklichen, primären Phase von dieser Erfahrung damals –, begannen uns mit diesen Kulturen auch in Form von Gegenkulturen, von kleinen letzten Inseln dann natürlich notgedrungen zu befassen. Und da kommt dann der ganze Zirkus. Da kommt dann der Kampf, der Krieg; vorher war das einfach nur ein großes Lieben: *Alle sind eins. Was hast du gegen mich? Es gibt doch gar nichts, was man gegeneinander haben kann.* Dieses große Leben, das zerfiel dann wieder in diese kleinen Bereiche, wo man dann eben gucken musste, ob man da noch gelegentliche Erinnerungen auf diesen Inseln haben kann oder wieweit man sich dann wieder in einer sogenannten normalen Situation befand, in der das nur zu gewissen Gelegenheiten mal hervorgeholt wird, also sprich: Kunst und Kultur. Das war furchtbar natürlich. Man überlebt so was schwer, wenn man solche eine kollektive Erfahrung machen *muss*; wir haben uns das ja weder ausgesucht, noch haben wir es herbeigeführt oder gewusst, was da geschah. Und dann kommt all das – und das ist glaube ich dann Gegenstand der Tagung: Kunst und Kultur, und natürlich die Wirtschaft, die dann immer stärker auch Einfluss nimmt. Früher hat sie das auch getan, natürlich, es gab ja für die wenigen Leute, die sich damals damit beschäftigt haben, immer Sponsoren. Kunst war ja nie eine von allen als ganz selbstverständlich genommene Arbeit – oder wie nennt man das? –, als Geben und Nehmen, als Wert im Geben und Nehmen aufgestellte Form von Betätigung anerkannt ...

Kapitel 4
Jugendkultur – Gegenkultur ist eine Kultur des Konflikts

Martin Blumenau

Eine kleine Einführung zum Thema Jugendkultur

Nachdem am Vormittag die Philosophie das Gespräch über Gegenkulturen gekapert hat, werden wir hier den klassischen Kulturbegriff von einer anderen Seite unterlaufen.

Jugendkultur ist Ausdruck aktuellen Lebensgefühls unter starker Berücksichtigung des Individuums, der Abgrenzung und der Kreativität. Jugendkultur bringt ein starkes Gruppengefühl hervor, was nur scheinbar dem angesprochenen Kriterium der Individualität widerspricht.

Die Panelisten sind Julia Zaremba vom renommierten Institut für Kunstpädagogik in Frankfurt, mit der Leitung des dortigen Jugendkulturarchivs betraut, das vielen durch die Ausstellung „Coolhunters" bekannt sein dürfte. Paul Ringler ist Projekt-Manager beim GfK-Institut, Sozialwissenschaftler, aber auch Obmann der Plattform Generation Praktikum. Manfred Zentner vom Institut für Jugendkulturforschung ist Marktforscher für die T-Factory und Österreichs Vertreter im European Youth Research Network. Mein Name ist Martin Blumenau; ich bin langjähriger Jugendkultur-Praktiker beim Popkultur-Radio FM4, das von der „Süddeutschen Zeitung" als bestes seiner Art im deutschsprachigen Raum und von Wallpaper-Gründer Tyler Brulee, der Jugend-/Popkultur als Selbstverständlichkeit für einen modernen Radiosender betrachtet, als Lieblingssender benannt wird.

Das würde eine Spur legen, wie anders der Begriff Jugendkultur im angloamerikanischen Raum besetzt ist – bleiben wir aber, nicht zuletzt wegen des um die Chiffre 1968 kreisenden vorigen Panels, im deutschsprachigen Raum.

Die aktuelle Jugendkultur, die sich aus der da angesprochenen Gegen-/Subkultur entwickelt hat, ist *kein* einmaliges und erstmaliges historisches Beispiel – die Berliner 20er Jahre, die Jazz-Beatniks der 50er waren, wie Dutzende andere historische Vorläufer, auch schon vor diesem Turning Point nach heutigem Verständnis nichts anderes als Jugendkulturen.

Aktuelle Jugendkultur hat das Pech, an einer kurzen Sekunde gemessen zu werden, in der sie mehrheits-, konsens- und entwicklungsfähig war, irgendwann in den 60ern, schon vor dem zum Symbol verkommenen Jahr 68.

Für eine Sekunde, ich nenne das den Beatles/Dylan/Warhol-Moment, war die damals frische Gegenkultur eine kollektive Utopie, die etwas fühlte, was auch die Mehrheitsgesellschaft mittragen konnte. Für eine Sekunde schien auch eine Umsetzung greifbar.

An der Fiktion, dies seitdem immer wieder leisten zu müssen, müht sich die Jugendkultur bis heute ab, daran wird sie gemessen. Das ist nicht nur eine Frage der Zuschreibung, auch eine nach der Eigenleistung.

Dieser unabsichtlich geschaffenen inhaltlichen Bürde für die Nachfolgenden steht aber die große strukturelle Aufbauarbeit der 68er entgegen. Sie haben ein kulturell erfolgreiches Projekt in die Welt gesetzt. Zwar wollte der politisch bewusste Kern der 68er eigentlich politisch und gesellschaftlich bewegen – was ihnen nur zum Teil gelungen ist. Sie wollten nicht so sehr kulturell verändern, was ihnen aber nachhaltig gelungen ist.

Das hat damit zu tun, dass es sich bei ihnen um die erste globale Bewegung handelte, die frühzeitig Strukturen hochzurrte, anhand deren sich eine zunehmend vernetzte Welt auf Augenhöhe und ohne viele Übersetzungs-Tools austauschen kann. Der lange Marsch hat also eine globalisierte Jugendkultur zustande gebracht.

Die kollektive Utopie der gemeinsamen Sekunde wurde seit den 60ern manchmal leicht gestreift. Punk (1976–79) ist so ein Beispiel, wo erstmals Begriffsumdeutungsmodelle aus der Kunst in die Jugendkultur eingeflossen sind; die Sampling Revolution Ende der 80er, die bewusst mit Versatzstücken hantierte, läutete das damals in seinen Ausmaßen noch nicht abzusehende digitale Zeitalter ein. Seit den 90ern, in der komplett desillusionierten Post-Nirvana-Phase, in der sich das Bewusstsein, dass jede Basis-Äußerung innerhalb von kürzester Zeit industriell veräußerbar sei, durchgesetzt hatte, hat sich die Jugendkultur ergeben.

Wem oder was hat sie sich ergeben?

Zum einen den Mechanismen des Kulturbetriebs. Der orientiert sich im Rahmen des Markts an ökonomischen Interessen einerseits und dem Distinktionsgewinn (via Mäzenatendenken) andererseits. Darum geht es in der Hochkultur, seit jeher auch in der aktuellen Eventkultur, also der Mainstream-Unterhaltung, auch den erst jüngst von der Gegenkultur in den Mainstream herübergewachsenen Genres (Performance, neue Medien) und – noch nicht ganz so lange – auch in den zuletzt gezählten 467 Jugendsubkulturen.

Jugendkultur, das sind viele verschiedene Sub-Genres, Stämme, die allesamt ihre eigenen Codes und Systeme entwickelt haben und sich im Optimalfall über diese Gemeinsamkeit verständigen können. Im digitalen Zeitalter gelingt das zunehmend leichter.

Durch die mittlerweile fast flächendeckende Vereinnahmung von Jugendkulturen durch den von strengen ökonomischen Interessen getriebenen Markt und durch den neuen Voyeurismus, die Lust an der Selbstdarstellung via neue Medien, hat zeitgenössische Jugendkultur ein völlig anderes Weltbild als 68.

Wir haben in Österreich 07/08 ein paar ganz hervorragende Beispiele gehabt: die Krocha auf der einen, die Emos auf der anderen Seite. Gruppen wie diese erfüllen immer noch die anfänglich angeführten Kriterien (Stichworte: Individualität, Abgrenzung, Kreativität, Gruppengefühl), sind aber in alle Richtungen offen – sowohl für mediale als auch für gesellschaftliche Vereinnahmungen.

Das Konzept des gläsernen Medienkonsumenten ist für die offen zur Schau gestellte Gruppen-Glückseligkeit kein Angstmacher, sondern eher ein Motor.

Derlei war im prädigitalen Zeitalter unvorstellbar, galt als automatischer Sell-Out an den Konsumismus und ist deshalb von der nach klassischen 68er-Regeln geschulten Vätergeneration nicht nachvollziehbar. Daraus ergeben sich die durchaus notwendigen Konfliktpotenziale zwischen den Generationen: Der Vorwurf, dass aktuelle Jugendkultur nicht mehr „echt" im Sinn der einzelnen zufälligen Sekunde sei, speist sich aus dem aktuellen Unverständnis, das die Elterngeneration den Medien ihrer Jugend entgegenbringt.

Deshalb wird aktuelle Jugendkultur von den Veteranen auch gerne verachtet – was aber (auch ein Klassiker) den jugendlichen Proponenten nicht nur egal ist, sondern sie auch noch antreibt.

Einzig der aktuelle Jugendkulturdiskurs leidet darunter. Da die Definitions- und Deutungshoheit (selbst in den Neuen Medien!) immer noch bei der prädigital geprägten Generation liegt, bleibt die zentrale Bruchlinie des Konflikts großflächig unerkannt.

Ich will die aktuelle Haltung der bereits in die digitale Welt hineingeborenen Generation am Beispiel eines Kunstkurators aus New York erklären. Hasan Elahi ist arabischer Abstammung, hatte das Pech, für den 12. September 01 ein Flugticket aus den USA raus gebucht zu haben, bekam so also die gesamte Härte der Rasterfahndung/Überwachung zu spüren.

Der Mann wehrte sich schlussendlich damit, dass er (in der Folge als Kunstprojekt) sein gesamtes Leben komplett öffentlich gestaltete: Über seine Website ist sein Aufenthaltspunkt jederzeit aufzuspüren; er stellt Bilder jeder Mahlzeit, jeden Konsums, alle Daten und Fakten permanent und flächendeckend ins Netz: Hasan Elahi hat sich gläsern gemacht, um der Überwachung zu entkommen.

So ähnlich verhält es sich mit aktueller Jugendkultur: Sie hat sich gläsern gemacht, weil sie keine andere Chance hat, weil jede noch so versteckte, nur für den inneren Gebrauch erfundene Äußerung oder Geste innerhalb von Tagesfrist von Trendscouts aufgedeckt und in den kommerziellen Verwertungsbetrieb übergeführt würde. Dieser Ausbeutung lässt sich nur durch komplette Öffnung entgehen – was wiederum den prädigitalen Old-School-Jugendkulturisten nervös macht.

In sich langsam bewegenden Gesellschaften wie der unseren, wo nicht nur das digitale Zeitalter, sondern auch die zielführende Nutzung der entsprechenden Medien jahreweit hinterherhumpelt, wo die Fixierung auf museale Kulturen als das Nonplusultra gilt und die Beschäftigung mit lebendigen Biotopen automatisch verdächtig ist, gibt es dazu – noch – keinen Diskurs. Dieses Panel will mithelfen, einen Anfang zu leisten.

Paul Ringler

Jugendkultur und soziale Netzwerke im Internet

Daten zur Untersuchung[1]

Thema:	**Jugend Online 2008** Mehrthemenstudie
Befragungszeitraum:	7.7.–25.8.2008
Grundgesamtheit:	Jugendliche zwischen 12 und 24 Jahren mit Internetzugang
Befragungsgebiet:	Bundesweit
Art der Befragung:	Computer-Assisted Web Interviews (CAWI)
Sampling-Methode:	Quoten aus GfK Austria CAWI-Adressenpool
Erreichte Interviews:	1289
Gewichtung:	Faktorengewichtung
Tabellenbasis:	1200
Fragebogen:	Von GfK Austria Sozialforschung erstellt
Studienleitung:	Mag. Angelika Ortner; Angelika.Ortner@gfk.com Mag. Paul Ringler; Paul.Ringler@gfk.com

Alle Untersuchungsprojekte werden in Übereinstimmung mit den Bestimmungen des von IHK/ESOMAR erstellten internationalen Kodexes zur Praxis der Marketing- und Sozialforschung durchgeführt

Kontrollen

Die langjährige Erfahrung des Unternehmens zeigt, dass von Interviewern nur dann verlässliche Arbeit erwartet werden kann, wenn einerseits eine regelmäßige Auslastung gegeben ist und andererseits den Interviewern bewusst ist, dass ihre Tätigkeit kontinuierlichen Kontrollen unterliegt.

Repräsentativ-Befragungen

Repräsentativ-Befragungen der Bevölkerung werden mehrphasig kontrolliert.

Die externen Kontrollen bestehen aus:

- Anwesenheitskontrolle: postalisch (mittels Kontrollkarten, 30 Prozent der Stichprobe) oder telefonisch (10 Prozent der Stichprobe).
- Inhaltskontrollen: Die Kontrollfragen beziehen sich auf Zeitpunkt und Dauer des Interviews, die Verwendung von Befragungshilfen, die angewandte Fragetechnik, die vollständige Abfrage der Statistik sowie die Zielpersonenauswahl und die Überprüfung von Teilen des Fragebogeninhaltes.
- Totalkontrollen: 10 Prozent der Interviewer werden kontinuierlich einer Totalkontrolle unterzogen, d.h. es werden alle Interviews des betreffenden Interviewers überprüft.

Intern werden kontrolliert:

- Fragebogenfehler
- Fehlinterpretationen von Anweisungen
- Eintragungsfehler
- Zielpersonenauswahl

Der langjährige Einsatz von modernsten, elektronisch unterstützten Interviewmethoden hat Interviewerfehler weitestgehend eliminiert. Dennoch wird durch ein automatisiertes Interviewer-Kontroll- und -Beurteilungssystem die schnelle Reaktionsfähigkeit bei ggf. auftretenden Auffälligkeiten gewährleistet.

Eingehende Tests des Fragebogen-Skripts und die Durchführung zahlreicher Testinterviews sind ebenso Standard wie die Überprüfung der Datenablage sowie ein Check von Design und Layout des Fragebogens vor Beginn der Datenerhebung.

Telefon-Befragungen

Die Durchführung der Telefoninterviews wird direkt durch Supervisoren beaufsichtigt. Es werden standardmäßig 15 Prozent der Interviews eines Projekts kontinuierlich mittels Screen-/Phone-Check kontrolliert. Der Supervisor hat dadurch die Möglichkeit, sowohl das Interview mitzuhören als auch das Interview am Supervisor-Monitor zu verfolgen. Durch das Angebot der „gläsernen Feldarbeit“ hat auch der Auftraggeber die Möglichkeit, an der Durchführung der Interviews teilzunehmen.

Online-Befragungen

Aufgrund der Tatsache, dass die Teilnehmer des GfK-Online-Pools nur nach Eingabe von User-ID und Passwort einen Fragebogen beantworten können, ist gewährleistet, dass pro Teilnehmer nur ein Fragebogen ausgefüllt werden kann. Weiters wird die Länge der Ausfülldauer überprüft, und jene Interviews werden ausgeschieden, welche eindeutig unter der durchschnittlichen Ausfülldauer liegen.

Das Bestehen einer Teilnahmesperre bzw. die generelle Verfügbarkeit des Fragebogens über einen längeren Zeitraum hinweg gewährleisten eine Kontrolle dahingehend, dass breite Bevölkerungsschichten angesprochen werden und das Ausfüllen durch reine Internet-Heavy-User eingeschränkt werden kann.

Psychologische Einzelexplorationen

Bei psychologischen Einzelexplorationen konzentriert sich die Kontrolle der Interviewer auf die Überprüfung, ob bzw. wie genau die vorgeschriebenen Zielgruppenmerkmale eingehalten wurden. Die Beurteilung der Interviewqualität wird anhand modernster digitaler Tonbandaufnahmen überprüft.

Spezielle Befragtengruppen

Interviews in speziellen Befragtengruppen (z.B. Ärzte, Direktoren, Führungskräfte etc.) werden in erster Linie durch die Einholung von Besuchsbestätigungen kontrolliert.

Jugendkultur und Social Networks im Internet

Jugendliche sind Menschen, die die Kindheit hinter sich gelassen haben und an der Schwelle zum Erwachsenenleben stehen: Der Bezug zu den eigenen Eltern verliert an Bedeutung, Freunde werden wichtiger. Neben Spaß und Spiel sind das Finden und Ausleben einer eigenen Identität ein wesentlicher Bestandteil des Jugendalters und ein wichtiger Teil der Sozialisation in soziale Gemeinschaften, sei es in die eigene Freundesgruppe oder in die Gesellschaft als Ganzes.

Das Internet eröffnet Jugendlichen neue Freiräume, um dies zu tun, und sie tun es auf ihre eigene Art.

Diese eigene Herangehensweise soll im Rahmen dieses Vortrages anhand von aktuellen Ergebnissen aus den jährlich durchgeführten Eigenstudien des Instituts, „Lifestyle“ und „Jugend Online“, illustriert werden. Weiters werden 4 Websites beispielhaft vorgestellt: „Facebook“, „YouTube“, „Newgrounds“ und „LastFM“. Diese verfolgen einen interaktiven, an Nutzergemeinschaften orientierten Ansatz, auch „Web 2.0“ genannt, und sprechen so die Lebens- und Wertewelten der Jugendlichen an. Diese Websites decken ein breites Spektrum an Unterhaltung bzw. Anwendungen ab und sind bei weitem nicht die einzigen Websites ihrer Art. Dies zeigt, dass sie einen Nerv der Zeit treffen, und nicht allein bei Jugendlichen.

Internetnutzung durch Jugendliche – ein eigener Nutzungsstil

Für die österreichischen Jugendlichen zwischen 12 und 24 Jahren ist das Internet zuerst ein Unterhaltungsmedium: 38 Prozent verwenden es hauptsächlich zur Unterhaltung oder zum Spaß. Nur 21 Prozent benutzen es hauptsächlich als Kommunikationsmedium. Letztlich verwenden es 16 Prozent in erster Linie zur privaten Informationsbeschaffung.[2] Das Nutzungsverhalten der österreichischen Gesamtbevölkerung (ab 15 Jahren) ist vergleichsweise nüchterner: Insgesamt steht in Österreich die Information an erster Stelle, und erst danach folgen Unterhaltung und Kommunikation an zweiter bzw. dritter Stelle.[3]

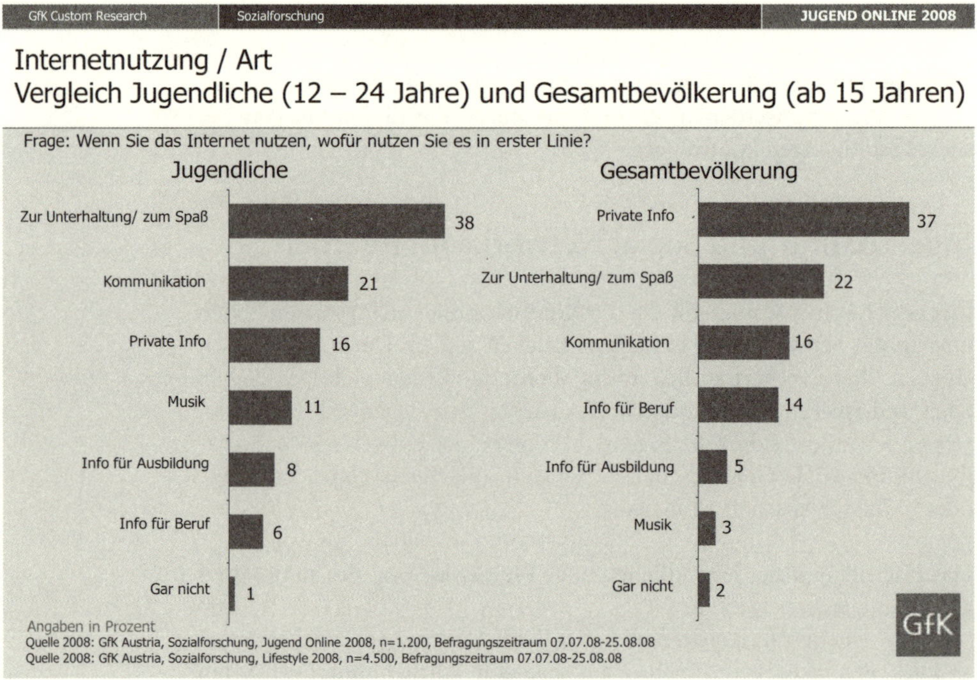

Dieser Zugang zum Medium Internet zeigt recht gut die Lebens- und Wertewelt der Jugendlichen: Unterhaltung und der eigene Freundeskreis haben eine große Bedeutung im Leben von jungen Menschen. Erwähnenswert ist auch der hohe Anteil von Jugendlichen, die Musik ins Zentrum ihrer Internetnutzung stellen.

Das Internet hat unter den österreichischen Jugendlichen mittlerweile das Fernsehen als wichtigstes Medium abgelöst. 98 Prozent der Befragten zwischen 12 und 24 Jahren bezeichnen das Internet als „sehr“ oder „eher“ wichtiges Medium. An zweiter Stelle folgt mit dem Mobiltelefon ein Kommunikationsmedium, und erst an dritter Stelle folgt das „klassische“ nicht-interaktive Medium Fernsehen.[4]

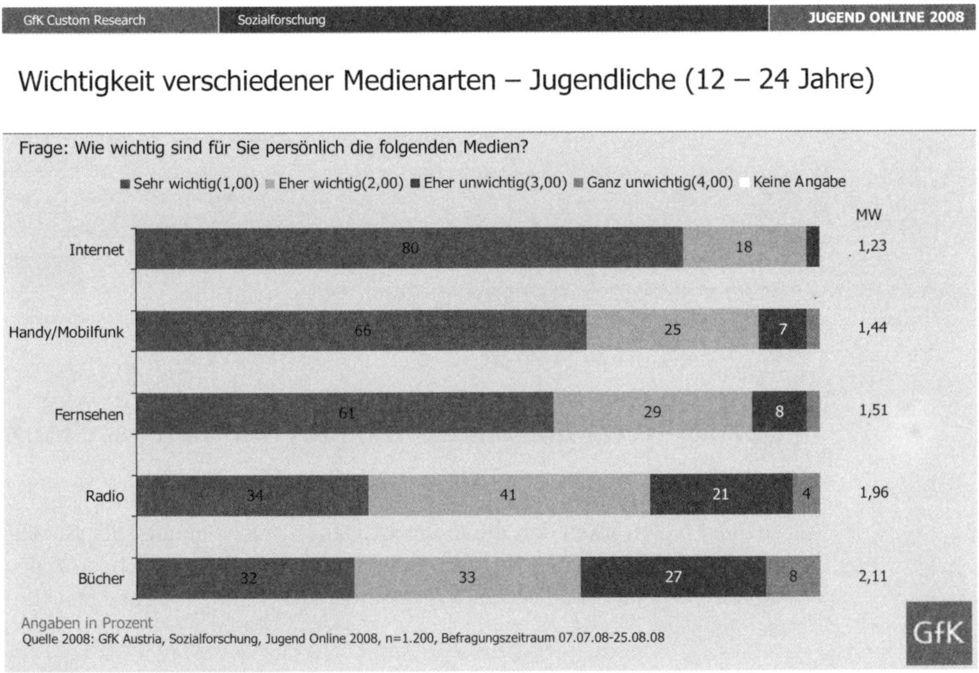

Das Internet wird insbesondere von zuhause aus verwendet: Beinahe 8 von 10 jugendlichen Nutzerinnen und Nutzern greifen täglich von zuhause auf das Internet zu. Für Jugendliche ist aber auch kennzeichnend, dass man häufig auch bei Freunden oder Bekannten auf das Internet zugreift: 42 Prozent der Jugendlichen zwischen 12 und 24 Jahren tun dies mindestens einmal im Monat.[5] Unter der österreichischen Gesamtbevölkerung ab 15 Jahren sind es nur 16 Prozent, die ihre Freunde einmal im Monat oder häufiger fragen: „Darf ich bei dir mal kurz ins Internet?“[6]

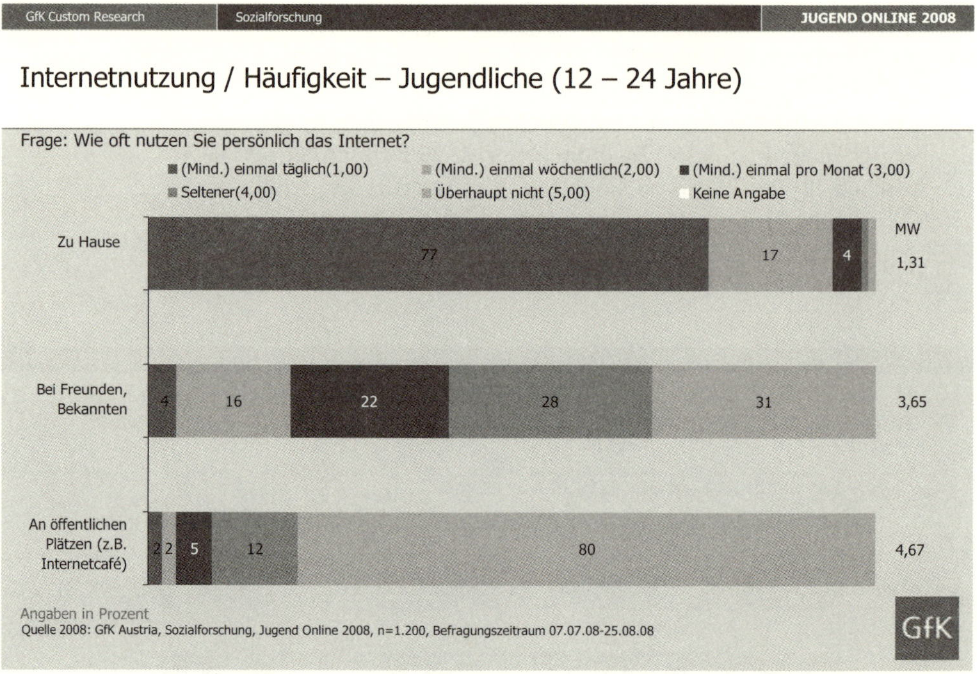

Soziale Netzwerk-Plattformen im Internet: Facebook

Eine neue Form der Anwendung im Internet stellen die Plattformen für soziales Netzwerken dar, die in der Umgangssprache einfach als „soziale Netzwerke" bezeichnet werden. Bekannte Beispiele für solche sozialen Netzwerke sind etwa Facebook (gegründet 2004)[7] und YouTube (gegründet 2005).[8]

Soziale Netzwerk-Plattformen sind Websites, deren Hauptzweck es ist, die Basis für Gemeinschaften von Internetnutzern zu sein. Registrierte Nutzer verfügen in der Regel über sogenannte Profile, auf denen sie persönliche Daten, Fotos und andere persönliche Informationen veröffentlichen können. Die Art der veröffentlichten Informationen variiert von Plattform zu Plattform, wie im Anschluss gezeigt werden soll.

Facebook ist z.B. ein privates Freundschaftsnetzwerk, auf dem die Nutzer Informationen über private Interessen oder Vorlieben veröffentlichen.

Andere Informationen, die auf solchen Freundschaftsnetzwerken veröffentlicht werden, sind z.B. Urlaubsfotos, Lieblingszitate, Listen von Produkten, Personen oder Thematiken, welche den Usern besonders wichtig sind. Facebook erlaubt darüber hinaus das Verfassen von kurzen „Statusmeldungen", die in Echtzeit auf der Website veröffentlicht werden. Man

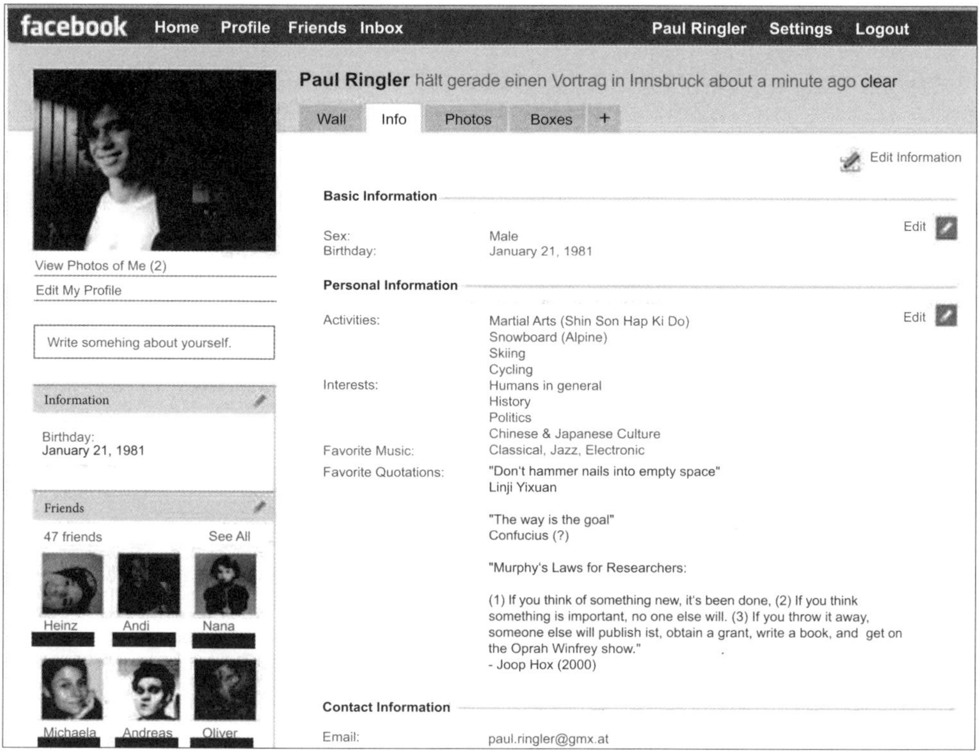

Quelle: http://www.facebook.com 19. November 2008 um 14:00 / Ausschnitt

kann so alle eigenen Facebook-Freunde darüber informieren, was man gerade tut, denkt, fühlt etc.

Der zweite wichtige Aspekt ist das Freundes- oder Kontaktnetzwerk der Nutzer: Jeder Nutzer kann über eine Suchfunktion eine beliebige Anzahl von Kontakten schließen und auf diese Art ein soziales Netzwerk von Freunden oder Bekannten aufbauen. Mit diesen können dann Informationen ausgetauscht werden. Es kann sich dabei um kurze Nachrichten oder Fotos handeln, wie das Beispiel Facebook gezeigt hat. Aber auch der Austausch von Videos oder das gegenseitige Empfehlen von Musikstücken ist möglich, wie im Folgenden noch zu sehen ist. Diese online existierenden sozialen Netzwerke können Entsprechungen von klassischen Freundes-Cliquen sein, die sich in ihrer Freizeit von Angesicht zu Angesicht treffen. Sie können aber auch rein virtuell existierende Netzwerke von Menschen sein, die miteinander nur über die Soziale Netzwerk-Plattform und eventuell noch per E-Mail kommunizieren.

Soziale Netzwerk-Plattformen haben rasch Verbreitung gefunden und sind in praktisch allen Staaten mit einem hohen Anteil von Internetnutzern bekannt[9], so auch in Österreich: 18 Prozent der Gesamtbevölkerung

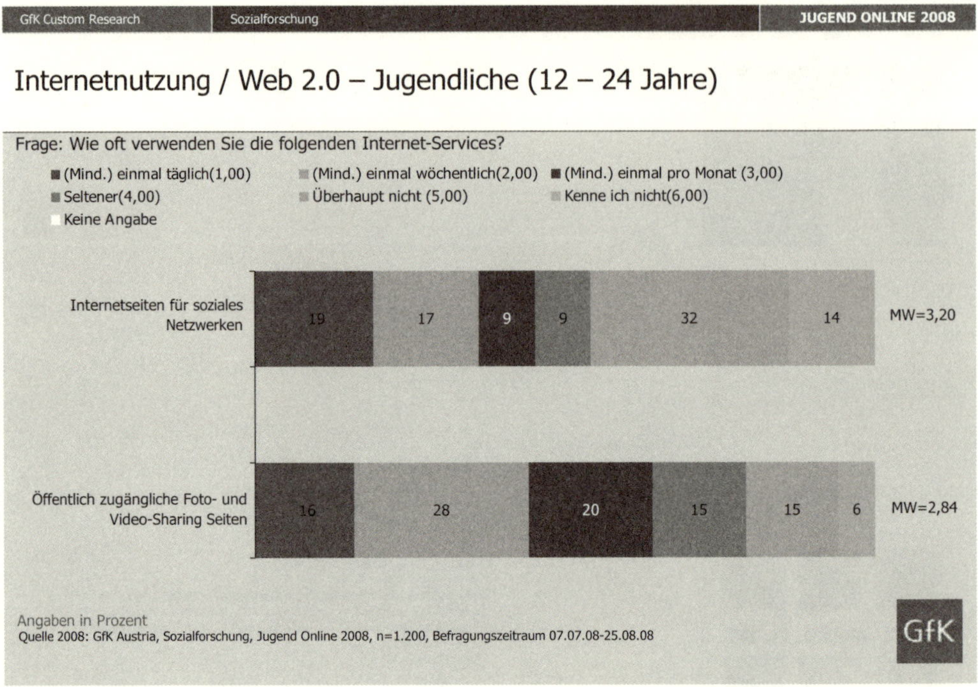

ab 15 Jahren greifen mindestens einmal im Monat auf eine Website zu, die rein für soziales Netzwerken gedacht ist. Unter den 12- bis 24-Jährigen sind es sogar 45 Prozent. Websites zum Austausch von Fotos und/oder Videos wie YouTube sind sogar noch populärer: 30 Prozent der Österreicher ab 15 Jahren verwenden diese Seiten einmal im Monat oder öfter, unter den 12- bis 24-Jährigen sind es 64 Prozent.

Web 2.0 User Generated Content – Inhalte von Nutzern für Nutzer

Soziale Netzwerk-Plattformen sind Teil des sogenannten Web 2.0. Obwohl die genaue Bedeutung dieses Begriffes (und auch vieler anderer Schlagworte, die im Zusammenhang mit dem schnelllebigen Medium Internet auftauchen) umstritten ist, herrscht Einigkeit, dass es sich dabei um einen Trend zur Nutzung des Internets handelt, der auf die starke inhaltliche Beteiligung der Nutzer abzielt. Die Nutzer erhalten vermehrt die Möglichkeit, Inhalte zu erzeugen, aber auch zu ordnen oder zu bewerten, wobei die Betreiber der Websites, auf denen dies geschieht, v.a. die infrastrukturellen Rahmenbedingungen (Software, Server etc.) für diese Aktivitäten stellen. Ein wichtiges Kennzeichen ist auch der sehr offene Zugang, den die Nutzer genießen. Web 2.0-Anwendungen und Websites verfügen oft über eine Vielzahl von Elementen (Texte, Videos, Schlagwörter etc.), die von ganz verschieden Nutzern hochgeladen oder sogar nachträglich verändert werden können. Die Online-Enzyklopädie Wikipedia[10] ist ein Beispiel, bei dem die Nutzer selbständig enzyklopädische Einträge schreiben, miteinander verlinken und eigene Einträge oder die Einträge von Dritten redigieren können, während die Betreiber lediglich die Software und die Server zur Verfügung stellen. Letztlich haben einige dieser Seiten einen altruistischen Aspekt: Die von den Nutzern erzeugten Inhalte kommen wiederum den Nutzern zugute.

Kreativer Umgang mit dem Medium Internet: YouTube

Jugendliche zeichnen sich durch eine sehr kreative Umgangsweise mit den ihnen gebotenen Internetanwendungen aus. Auf YouTube, dem bekannten Portal für Videosharing, werden eigene Videoclips nicht „nur" veröffentlicht, kommentiert und bewertet. Eine Gruppe von jungen Nutzern hat dort ein Spiel namens „Vlog Tag Game"[11] erfunden, welches im weitesten Sinne einem Fangenspiel im Internet gleichkommt. „Vlog" steht für „Video Log" und meint das Veröffentlichen von kurzen Videos, in denen die Nutzer über sich

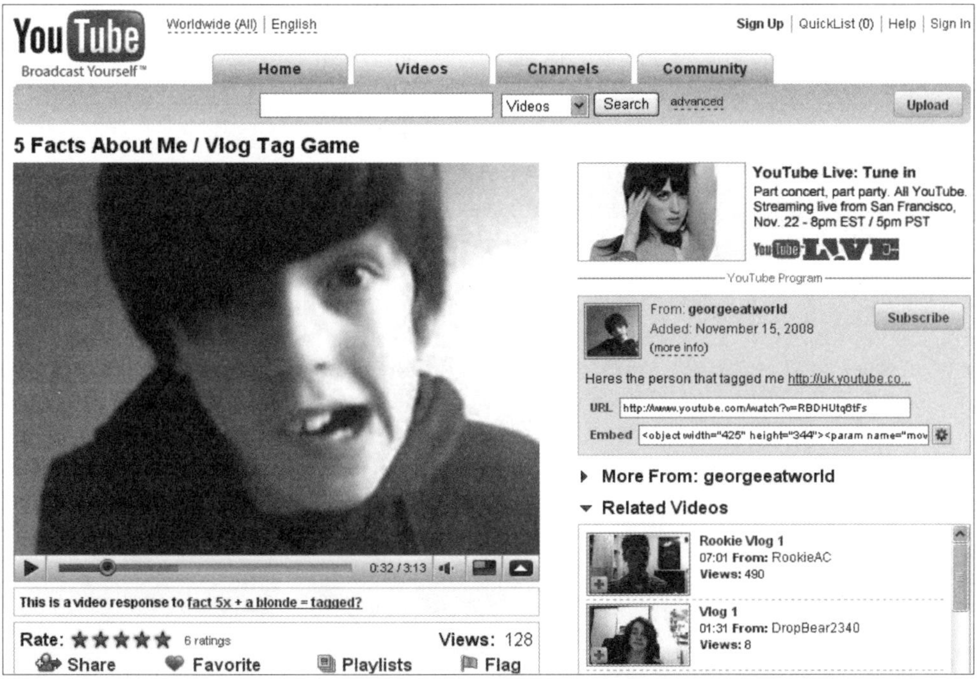

Quelle: http://www.youtube.com/watch?v=RBDHUtq6tFs 11. November 14:00 / Ausschnitt

selbst oder für sie interessante Themen sprechen. Manche Nutzer erzählen Geschichten aus ihrem Leben; andere nutzen das Medium, um, ähnlich einem Feuilleton, Stellung zu aktuellen Ereignissen oder Themen zu nehmen.

Das „Vlog Tag Game“ und seine Variationen bestehen darin, dass ein Nutzer eine bestimmte Aufgabe erfüllt und danach eine bestimmte Anzahl von ihm bekannten Nutzern nennt, die dann ihrerseits an der Reihe sind, diese Aufgabe zu erfüllen. Eine solche Aufgabe kann z.B. sein, fünf persönliche Dinge über sich selbst auf Video zu veröffentlichen. Das Spiel setzt sich dann nach dem Schneeballprinzip entlang des sozialen Netzwerks der Nutzer fort.

Kreativität und Kooperation: Newgrounds

Newgrounds (gegründet 1995)[12] ist eine Website, auf der die Nutzer zum Teil völlig selbständig, zum Teil in Kooperation miteinander oder auch mit Unternehmen, kurze Animationsvideos veröffentlichen, die mit der Software „Adobe Flash“[13] erzeugt wurden. Durch die einfache Bedienung dieser Software ist es auch weniger geübten Nutzern möglich, diese Animationsvideos zu erstellen.

Quelle: http://www.newgrounds.com 12. November 2008 20:00 / Ausschnitt

Quelle: http://www.newgrounds.com 11. November 2008 20:00 / Ausschnitt

Die so hochgeladenen Videos werden von den anderen Nutzern bewertet, und man gibt sich gegenseitig Feedback, wobei zum Teil auch nicht mit Kritik gespart wird. Auch hier haben die User die Möglichkeit, sich untereinander zu vernetzen und Nachrichten auszutauschen.

Interaktives Radio übers Internet: LastFM

Musik spielt, wie oben bereits erwähnt, eine wichtige Rolle für einen nicht unbeträchtlichen Prozentsatz von jugendlichen Internetnutzern. Im Internet profitieren verschiedene Anbieter von dieser Tatsache. Neben Portalen zum kostenpflichtigen Download von Musik wie z.B. iTunes[14] gibt es auch eigene Radiostationen, sogenannte Webradios, im Internet. In Österreich greifen 25 Prozent der 12- bis 24-Jährigen mindestens einmal am Tag auf eine solche Internetradiostation zu.[15] Hier kann über spezielle Software oder auch den Internetbrowser Radio, also auch Musik, gehört werden.

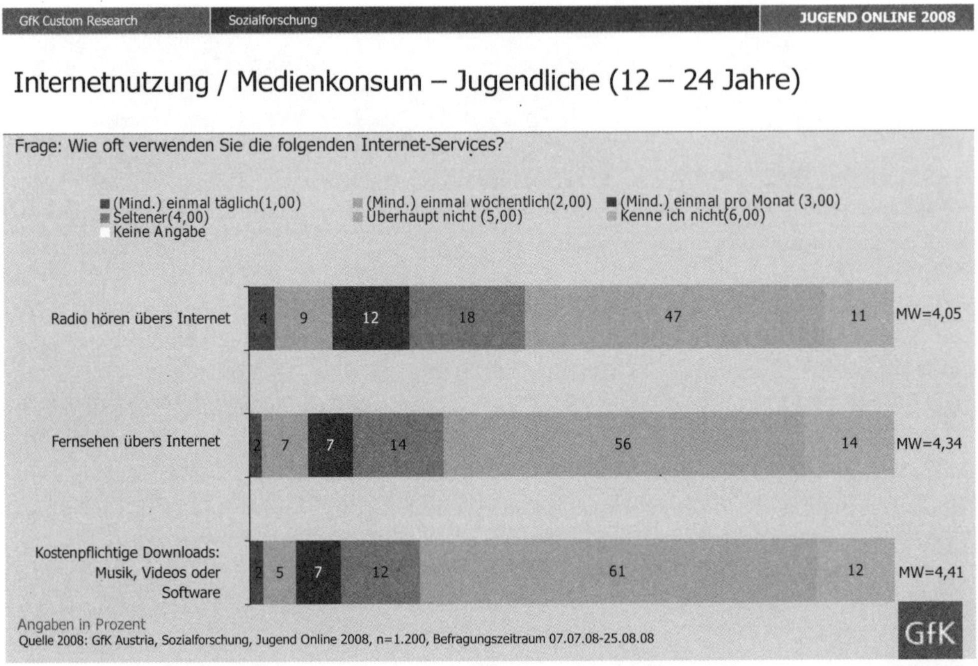

Eine besonders interaktive Form dieser Anwendung ist LastFM (gegründet 2002).[16] Dieses Webradio erlaubt es den Nutzern, die gewünschte Musikrichtung, die man hören will, in hohem Maße mitzubestimmen.

Die Musikstücke, die in diesem Webradio gespielt werden, werden in diesem Fall nicht von den Nutzern komponiert oder hochgeladen, sondern von den jeweiligen Musikverlagen zur Verfügung gestellt. Der interaktive Anteil besteht bei LastFM darin, dass die Nutzer die hochgeladenen Musikstücke mit Stichwörtern (sogenannten „Tags") versehen können. Anhand dieser Stichwörter werden die Musikstücke bestimmten Gattungen oder bestimmten Künstlern zugeordnet.

Wenn nun ein Nutzer den Namen eines Künstlers oder einer Musikgruppe eingibt, erkennt die integrierte Software die zugehörigen Stichwörter und erstellt per Zufallsgenerator eine Liste von Musikstücken, die mit den gleichen Stichwörtern versehen sind. Auf diese Weise kann man durch die Nennung nur eines einzelnen Künstlers auf Knopfdruck eine Radiostation erschaffen, die dem eigenen Geschmack entspricht. Hier handelt es sich also eher um Inhalte, die von den Nutzern neu geordnet werden, wobei das Ergebnis (die individuelle Radiostation) wieder der Nutzergemeinschaft zugute kommt.

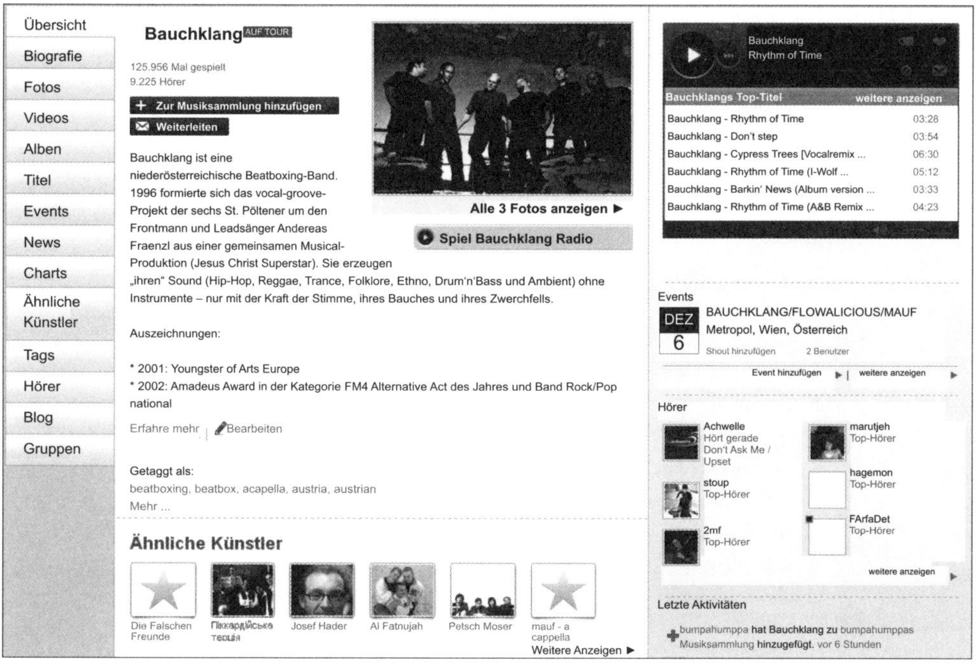

Quelle: http://www.lastfm.de/music/Bauchklang 12. November 2008 18:00 / Ausschnitt

Ein weiterer Aspekt von LastFM, der besonders der Gruppenbildung dient, ist die Möglichkeit, den eigenen Musikgeschmack im Internet zu veröffentlichen und so z.B. neue Freundschaften zu schließen oder bestehende Freundschaften durch das Weiterempfehlen von Musikstücken zu vertiefen. Nach dem Motto „Hör dir mal meine Radiostation an". Dies geschieht über die eigene Profil-Website, die für andere Nutzer zugänglich ist.

LastFM speichert die Liste aller Stücke, die ein registrierter User über diese Website gehört hat, und erstellt auf dessen Profil-Seite eine Beschreibung seines Musikgeschmacks. Das Profil kann sehr detailliert erstellt werden. Die Betreiber von LastFM gehen sogar so weit, auf der Website ein Programm namens „Scribble" anzubieten, welches, einmal heruntergeladen und installiert, auch Informationen über die auf dem eigenen PC abgespielten Musikstücke im mp3-Format im LastFM-Profil online abspeichert.

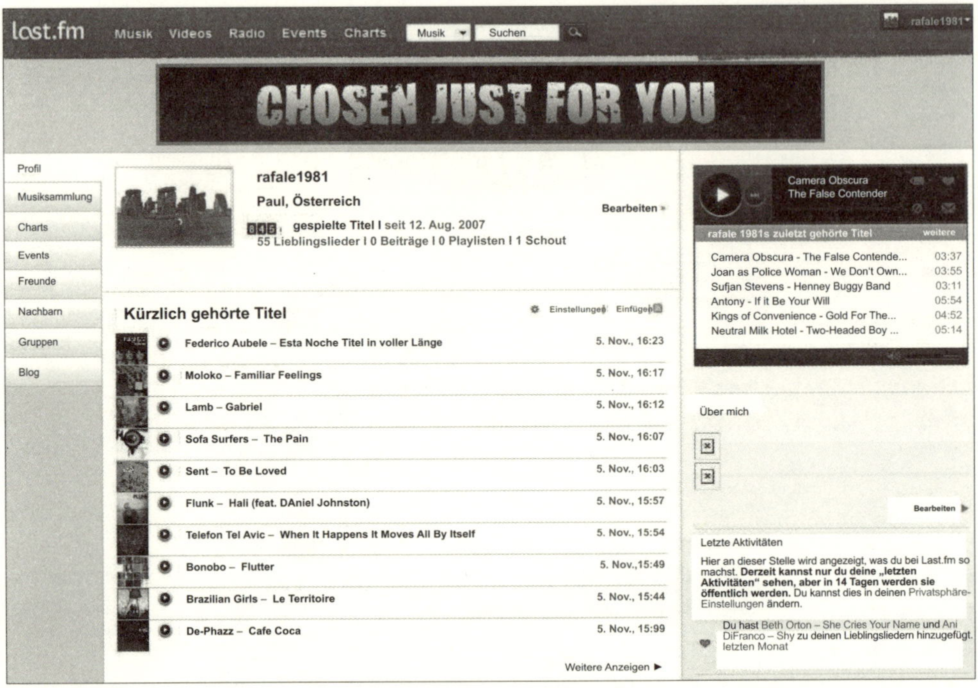

Quelle: http://www.lastfm.de 12. November 2008 / Ausschnitt

Soziale Beziehungen im Internet

Die oben beschriebenen Anwendungen bzw. Websites sind nur ein Bruchteil der Vielfalt von interaktiven, an Nutzergemeinschaften orientierten Websites, die es im Internet gibt. In Österreich fühlen sich 42 Prozent der 12- bis 24-Jährigen einer solchen Nutzergemeinschaft bzw. „Online Community" zugehörig. Auch sind die sozialen Beziehungen, die sich über das Internet bilden, z.B. im Rahmen der oben beschriebenen Anwendungen, durchaus eng. Dies zeigt sich etwa daran, dass sich immerhin 48 Prozent der 12- bis 24-jährigen Österreicherinnen und Österreicher vorstellen können, Freunde, die sie nur online kennen, auch offline zu treffen.[17]

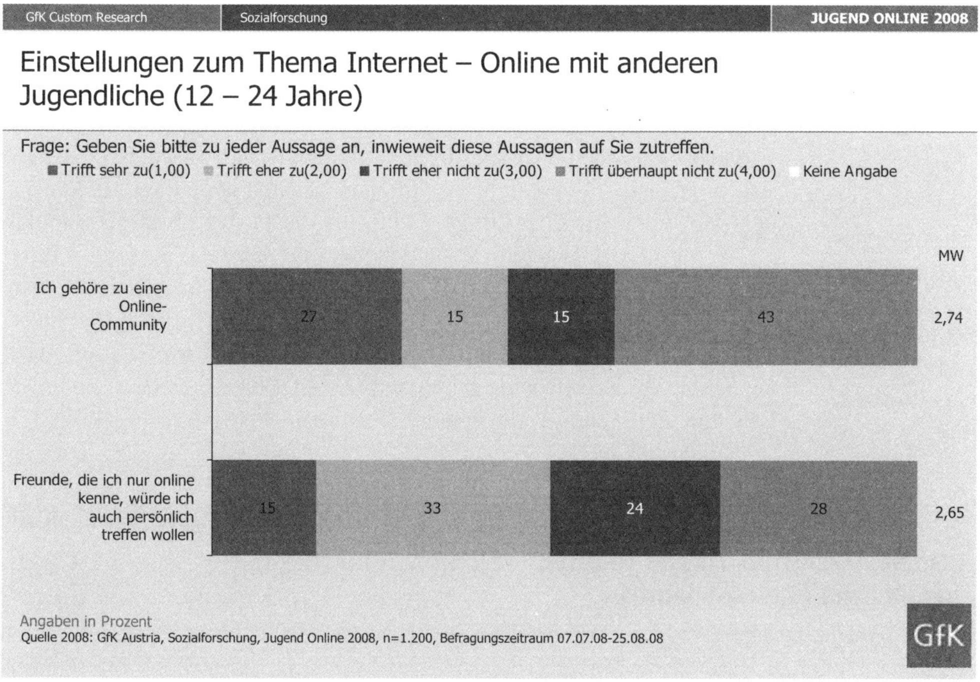

Dennoch sind Online-Freundschaften von klassischen Offline-Freundschaften verschieden.

Eine aktuelle Studie, die unter amerikanischen Jugendlichen durchgeführt wurde, fand heraus, dass amerikanische Nutzer von sozialen Netzwerkplattformen wie Facebook im Durchschnitt 137 „Freunde", also Netzwerkkontakte, haben. Oft ist es so, dass sich Offline- und Online-Freundeskreise überschneiden, doch es ist kaum möglich, eine solch große Anzahl von tatsächlichen „Freunden", mit denen man regelmäßigen Kontakt hat, zu besitzen. Man geht daher davon aus, dass der Online-Freundeskreis z.T. die Funktion eines Publikums erfüllt. Dieses Publikum ist Adressat des Profils, das man auf der sozialen Netzwerkplattform angelegt hat. Man tauscht Fotos und Nachrichten aus, man lädt Inhalte oder zumindest Links zu bestimmten Inhalten hoch und nimmt auf diese Art eine Identität an.[18]

Sicherheit im Internet

Oft wird darüber diskutiert, dass junge Menschen im Internet Gefahren ausgesetzt seien, denen sie möglicherweise nicht gewachsen sind. Obwohl sich keine Aussagen über spezifische Gefahren treffen lassen, ist es so, dass sich österreichische Jugendliche durchaus bewusst sind, dass das Internet kein ganz ungefährlicher Ort ist. 63 Prozent der 12- bis 24-Jährigen sind in größerem oder geringerem Maße der Meinung, dass das Surfen im Internet gefährlich sein kann. Etwa die Hälfte der jungen Befragten denkt auch, dass eine stärkere Überwachung des Internets eine realistische Option ist, doch sind sich 87 Prozent durchaus einig, dass diese Überwachung nicht auf Kosten der Privatsphäre gehen dürfe.[19] Mit diesen Einstellungen unterscheiden sie sich nur wenig von der Gesamtbevölkerung ab 15 Jahren.[20]

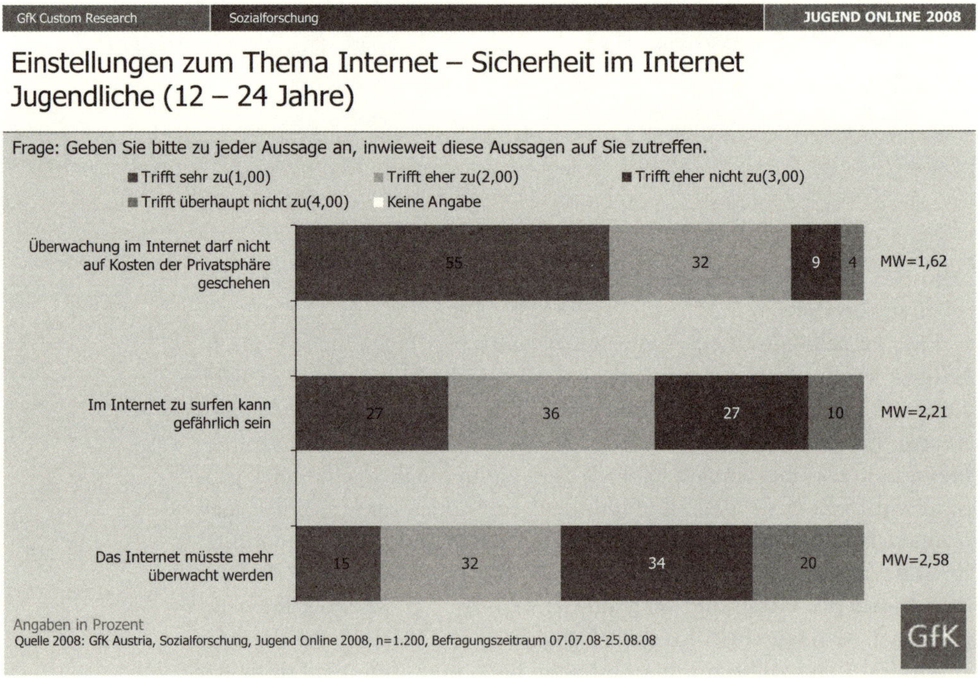

Schlusswort

Jugendliche wählen einen sehr offenen und kreativen Zugang zum Internet, der der Lebensphase, in der sie sich befinden, sehr entspricht. Wie man an den vorgestellten Websites erkennt, hat sich im Internet ein Markt um die Wünsche der Jugendlichen nach Unterhaltung, kreativer Selbstdarstellung und sozialem Anschluss gebildet, und das Beispiel des

„Vlog Tag Game" zeigt auch, dass die jungen Menschen zuweilen ungeahnte Verwendungen für die ihnen gebotenen Anwendungen finden.

Anmerkungen

1 Studie: Jugend Online 2008. Ein Eigenprojekt des GfK-Instituts. Abteilung: GfK Sozialforschung, Studie: 2008/140.733.
2 Quelle: Jugend Online 2008, Eigenstudie der GfK Austria Sozialforschung.
3 Quelle: Lifestyle 2008, Eigenstudie der GfK Austria Sozialforschung.
4 Quelle: Jugend Online 2008, Eigenstudie der GfK Austria Sozialforschung.
5 Quelle: Jugend Online 2008, Eigenstudie der GfK Austria Sozialforschung.
6 Quelle: Lifestyle 2008, Eigenstudie der GfK Austria Sozialforschung.
7 http://www.facebook.com
8 http://www.youtube.com
9 Siehe zum Beispiel die Statistik der Zugriffe auf Google, um nach dem Begriff „Facebook" zu suchen. Einzusehen unter http://www.google.com/insights/search/#q=facebook&cmpt=q 22. Dezember 2008 17:00.
10 http://de.wikipedia.org.
11 http://www.youtube.com/watch?v=zzIMbjA5m8s 11. November 2008 15:00.
12 http://www.newgrounds.com
13 Hersteller: http://www.adobe.com
14 http://www.apple.com/at/itunes/overview/
15 Quelle: Jugend Online 2008, Eigenstudie der GfK Austria Sozialforschung.
16 http://www.lastfm.com
17 Quelle: Jugend Online 2008, Eigenstudie der GfK Austria Sozialforschung.
18 Quelle: Reich, Waechter, Espinoza (2008). In JADP, vol. 29, no. 6.
19 Quelle: Jugend Online 2008, Eigenstudie der GfK Austria Sozialforschung.
20 Quelle: Lifestyle 2008, Eigenstudie der GfK Austria Sozialforschung.

Jutta Zaremba

Gamerinnen-Kulturen: Weibliche Computerspielclans zwischen Markt und Eigensinn

Mit meinem Beitrag möchte ich die in der Öffentlichkeit noch relativ unbekannte Kultur der Computerspielerinnen vorstellen. Anlass zur Beschäftigung mit weiblichen Spielern war ein Forschungsprojekt zu Game-Heldinnen, das von 1999 bis 2001 unter der Leitung von Frau Prof. Birgit Richard stattfand (http://www.birgitrichard.de/projekt/index.html). Hier wurde bereits schon ein Blick auf die Rezeptionsseite der Spielerinnen geworfen, was sich bis heute durch meine Beschäftigung mit Gamerinnen-Portalen und Fankulturen fortsetzt.[1] Grundsätzlich macht der Anteil von weiblichen Computerspielern in Europa ca. 25 Prozent aus, in den USA liegt er bei etwa 40 Prozent und in Korea sogar bei fast 70 Prozent. Hierbei sind alle Formen von Computerspielen zusammengerechnet, PC-Spiele und Konsolenspiele ebenso wie Handy-Games.

Seit Mitte der neunziger Jahre erobern vermehrt weibliche Clans die Szene. Bei einem Clan handelt es sich um einen Zusammenschluss von mehreren Spielern zu einem Team, sowohl für Trainingszwecke als auch zum Wettkampf. Wettkämpfe werden im sogenannten E-Sports-Bereich ausgetragen: Hier finden weltweit Turniere im Mehrspielermodus statt, die durchaus auch mit Preisgeldern von der Industrie gesponsert sind. Clans bevorzugen meist Ego-Shooter, vor allem den Taktik-Shooter *Counterstrike*, denn Shooter eignen sich besonders zum Wettkampf mehrerer Teams gegeneinander. Im deutschsprachigen Raum gibt es zirka 70.000 Clans, von denen der Anteil der weiblichen Clans ungefähr 3 Prozent ausmacht.

Nicht nur im deutschen Spiele-Universum, vor allem auch im englischsprachigen Raum treten weibliche Communities an die Öffentlichkeit und korrigieren das oft sehr klischeebeladene Bild der technisch unversierten und aggressionsvermeidenden Spielerinnen. Nicht zuletzt um diesem Zerrbild zu widersprechen, schließen sich Mädchen und junge Frauen zu Bündnissen zusammen und organisieren ihre Aktivitäten im Internet. Sehr unterschiedlich ist dabei ihre Vorliebe für entweder exklusiv weibliche Clans oder für eine Kooperation mit männlichen Gamern.

Stellvertretend möchte ich hier nun vier Clans vorstellen. Wesentlich erscheint mir – so möchte ich betonen –, dass alle Internetauftritte von ihren Mitgliedern in der Freizeit betrieben werden. Somit haben hier Begeisterung und Spielspaß Vorrang vor finanziellen Interessen, wenngleich diese durchaus auch mit hineinspielen können.

Zockerweibchen – Gaming Girls[2]

Im Jahr 2000 wurde das Internetportal *Zockerweibchen* mit Sitz in Berlin gegründet, über das die Organisation von deutschsprachigen weiblichen Clans läuft. Es handelt sich sowohl um ein Webportal als auch um einen Datenbankanbieter für die Vielzahl an weiblichen Clans, Teams und Communities. So besitzt *Zockerweibchen* ca. 1000 registrierte Mitglieder und hilft vor allem dabei, Teams zu bilden und Turniere auszutragen. Das Webportal ist zentrale Anlaufstelle für weibliche Gamer im Bereich Shooter und Multiplayer-Online-Rollenspiele.

Innerhalb der Computerspielszene wird der Begriff *Zockerweibchen* oft als Synonym für eine E-Sportlerin verwendet. Das Portal veranstaltet einen eigenen Cup: Hierbei werden offizielle Turniere rund um Counterstrike ausgetragen, bei denen weibliche Teams nach einem festen Regelwerk gegeneinander antreten und kleine Preisgelder gewinnen können. In zahlreichen Bildergalerien sind Eindrücke dieser Turniere festgehalten, ebenso wie Interviews dazu im Web 2.0 oder auch Fotos von LAN-Parties und Spielemessen. Die *Zockerweibchen* erstellen auch eigene Umfragen unter ihren Mitgliedern, die zum Teil mit genderspezifischen Themen verbunden sind wie z.B. die Umfrage: „Würdet ihr eher auf LAN-Parties gehen, wenn dort Female-Turniere stattfinden würden?“ Wie hier ablesbar ist, wäre das für rund die Hälfte der Befragten ein Anreiz, wobei ein Drittel dies verneint und lieber zu gemischten Turnieren geht.

Durchaus kritisch gehen die *Zockerweibchen* mit der Industrie um: Unter dem Begriff „Firmen-News“ geben sie einen sehr informativen Einblick in die Produzentenseite weltweit: Berichtet wird hier über aktuelle, oftmals negative Entwicklungen von Firmen wie Sony oder THQ. Gleichzeitig nutzen die *Zockerweibchen* zusammen mit dem befreundeten männlichen Portal *Fightclub Network* die Dienste von drei Sponsoren, die sie als „Partner“ aufführen: Dies sind der Hardwareausstatter Commodore Gaming, der Peripheriegeräteausstatter Creative sowie der Kopfhörerhersteller Sennheiser. Diese Sponsoren stellen Ausstattung und Preisgelder zur Verfügung: So liefert beispielsweise Sennheiser Kopfhörer zur Verständigung zwischen Teams beim vernetzten Spielen, dem sogenannten Teamspeak. Oder es winken fünf Commodore-Computersysteme als Preis eines *Zockerweibchen*-Cups. Dieses Sponsoring soll für gute Bedingungen auch bei internationalen Wettkämpfen sorgen. Insgesamt legt das weibliche Portal Wert auf jegliche Form von Unterstützung – sowohl durch Sponsoren als auch durch die eigenen Mitglieder. Immer wird dabei die Selbstverständlichkeit einer jungen Spielerinnenkultur transportiert.

Maedchenblut – female CS-clan[3]

Ein kurzes Beispiel für einen bei *Zockerweibchen* gelisteten Clan ist *Maedchenblut*. Gegründet 2004, bezeichnet sich das kleine Spielerinnenbündnis als *„female cs-clan"* (also Counterstrike-Clan). Das Team wird von *Zockerweibchen* und dem männlichen *Fightclub Network* im Management unterstützt und besitzt daher dieselben Sponsoren. *Maedchenblut* ist bei LAN- und bei Online-Spielen sehr aktiv. So nehmen ihre Mitglieder teil bei der ESL (Electronic Sports League), der NGL (Netzstatt Gaming League) und der WWCL (World Wide Championship of LAN-Gaming).

Hier ein Zitat zum Selbstverständnis des Mädchenclans:

> „Zum einen finden wir, dass die female Scene noch zu wenig einbezogen wird. Umso erfreulicher sind dann Ausnahmen wie das female Turnier auf den NGL-Finals oder der Ladies-Cup der ESL. Dennoch könnte noch mehr für die female Scene gemacht werden. Wenn wir dies mit der Akzeptanz von vor zwei Jahren vergleichen, hat sich das ganze stark verbessert. Früher wurden Frauen auf LAN's größtenteils komisch angeschaut nach dem Motto ‚Was will denn eine Frau hier?'. Heute freut sich der Großteil, dass auch vermehrt Mädels auf LAN's anzutreffen sind. Dennoch gibt es immer wieder störende Sprüche wie ‚Lust auf bett 1on1?'. Aber bei solchen Kindersprüchen stehen wir natürlich drüber."

Kommen wir nun auf die amerikanische Spielerinnenszene anhand von zwei kurzen Beispielen.

Girlzclan – All female gaming clan[4]

Bereits 1999 veröffentlichte der *Girlzclan* aus Austin/Texas seine Website im Internet. Das Spielerinnenbündnis bezeichnet sich selbst mit dem Slogan „all female gaming clan". Sponsor ist hier der Gameserver-Provider „art of war central". Der rein weibliche Clan lockt auf seiner Website mit einem Paket von Comic-haften, fetischisierten Gameheldinnen. Weibliche Überlegenheit wird hierbei augenzwinkernd mit einer biologischen Note versehen, wenn der Untertitel lautet: „Mehr Östrogen, als du verkraften kannst". Neben dem gemeinsamen Spielen von Ego-Shootern fertigen die Clanmitglieder eigene Skins an, d.h. im Aussehen abgewandelte Spielfiguren. Die selbstgefertigten Frauenfiguren werden durch Kleidung und Begleitkommentare mit Gefahr und Erotik aufgeladen. Ebenso voller Stolz präsentieren sich die Spielerinnen in eigenen Steckbriefen, die sie auf realen Fotos im familiären Umfeld zeigen. In Anlehnung an ein Familienalbum werden nette Versionen des „all-American-girl" gezeigt, das Kinder und einen männlichen Partner um sich schart. Ganz offensichtlich stellen diese Alltagsfotos einen großen Kontrast zu den aggressiven Shootern dar. Die jungen Mitglieder des rein weiblichen Clans scheinen durch ihre netten Bilder versichern zu wollen, dass sie weder lesbisch noch männerfeindlich sind, wie dies mitunter als Klischee durch das Internet geistert.

Vielmehr geht es dem *Girlzclan* darum, als Spielerinnen zwei „Ideale" von Weiblichkeit in sich vereinen zu können – das nette Mädchen *und* die erotische, unabhängige Kampfamazone. Für die Clan-Frauen ist die harte Shooter-Kämpferin ohne soziale Verantwortung ein ebenso hohes Ideal wie das nette amerikanische Family-Girl. Die Verwirklichung dieser beiden Seiten ist speziell in der Kombination von Online- und Offline-Welt möglich: Daher ist es genau die Spannung zwischen den aggressiven Shootern und der heimischen Sphäre, die dem *Girlzclan* besonders gefällt.

PMS-Clan – Play like a Girl[5]

Der rein weibliche *PMS-Clan* gründet sich im Jahr 2002 nach einem Aufruf der beiden Konsolenhersteller Xbox Live und Playstation 2 Online. Als bislang einziges weibliches Portal besitzt der *PMS-Clan* zudem einen Eintrag bei Wikipedia. Der Clan zählt über 800 aktive Mitglieder und setzt neben Spielspaß vor allem auf Wettbewerb. Zwar agiert PMS ausschließlich durch seine weiblichen Mitglieder, doch es existiert eine feste Allianz mit dem männlichen H_2O-Clan, der zunächst als technische Unterstützung von PMS begann und nun selbst zum Clan und befreundeten Gegenstück der weiblichen Community avanciert ist.

Das Kürzel PMS bezeichnet eigentlich das prämenstruelle Syndrom, mit dem biologische Unzulänglichkeiten von Frauen beschrieben werden. Der Clan benutzt die Abkürzung jedoch für Pandora's Mighty Soldiers: Mit Pandora kommt „schönes Übel" in weiblicher Gestalt über die Computerspielwelt, und die „mächtigen Soldatinnen" setzen militante Claims innerhalb der Game-Szene. Laut eigenen Aussagen von PMS fällt die Wahl aus drei Gründen auf das Genre der Shooter: Erstens sind Shooter das am stärksten wettbewerbsorientierte Feature in Clan-Umgebungen, zweitens gewährleisten sie den größten Spielspaß, und last but not least laden sie durch ihre Gefährlichkeit die erotische Ausstrahlung von Gamerinnen auf.

Sehr eng ist die Kooperation des PMS-Clans mit der Game-Industrie, was sich zum einen an der hohen Sponsorensättigung ablesen lässt: Es gibt drei Sponsoren: den Internetanbieter Verizon FIOS, den Speicherkartenhersteller Patriot Memory sowie den Game-Server MYIS. Zum anderen orientiert sich auch die Aufteilung von Spielerinnensektionen an der Hardwareausstattung: So gibt es die Divisionen XBox Live, PS3 (Playstation 3) und Nintendo.

Bei allen Gelegenheiten präsentiert sich der Clan sehr pressesicher. Auf seinem Portal finden sich zahlreiche Fotoposen bei Game-Messen und bei anderen Events, die Entschlossenheit, Erotik und Professionalität signalisieren. Vor allem die blonde Clan-Gründerin Amber Dalton ist das Aushängeschild des Portals und wurde bei der Konferenz Women In Games International zu einer der „100 einflussreichsten Frauen der Game-Industrie“ gewählt. Dalton kommt in den meisten Interviews des Portals zu Wort, steht im Zentrum der PMS-Videos bei YouTube und besitzt somit bereits Starqualitäten in der Szene. Ferner treibt der Clan seinen Bekanntheitsgrad auch dadurch weiter voran, dass er mittlerweile für seinen Auftritt im virtuellen Second Life gesorgt hat. Ebenfalls plant der Clan die Einrichtung von PMS-TV.

Fazit

Betrachtet man nun abschließend die Bandbreite an deutsch- und englischsprachigen Clans, wird deutlich, dass Spielerinnen die Industrie konsequent und kreativ für eigene Zwecke zu nutzen wissen. Sie wollen verschiedene Segmente des männlich definierten Spieleuniversums erobern. Zentral ist dabei immer die Genderoffensive: Alle Portale betonen den Umstand der Provokation allein durch ihre öffentliche Existenz innerhalb einer männlich dominierten Game-Welt. Sie geben sich als genderaggressive Konsumentinnen zu erkennen, die ihre Wahl des Marktsegmentes Shooter selbstbewusst vorführen. Die genderuntypische Kombination von Gamerinnen und Shootern bestimmt wiederum das Image, mit dem die Spielerinnen sich als Produzentinnen ihrer Portale in Szene setzen. Humorvoll benutzen sie provokante Namensgebungen wie *Zockerweibchen*, *Maedchenblut* oder *Pandora's Mighty Soldiers* und werben für sich als genuines Produkt der noch recht unbekannten Gamerinnenkultur.

Obligatorisch ist ein überschaubares Merchandizing aller Clans rund um T-Shirts, Taschen oder Schlüsselanhänger. Dass die Gamerinnen ein Produkt sind, mit dem geworben werden kann, nutzen die Portale in ganz unterschiedlichem Maße durch Sponsoring der Industrie. Dabei macht es einen Unterschied, ob ein Portal selbst nach Sponsoren sucht und diese recht unauffällig auf ihren Websites platziert, wie etwa die *Zockerweibchen* zur Durchführung ihrer Turniere mit Preisgeldern. Oder ob ein Portal eigens durch einen Sponsor ins Leben gerufen wird und somit permanentes *product placement* betreibt wie der *PMS-Clan*. Ohnehin gehören ambitionierte Eigenvermarktung durch Presseartikel und öffentliche Bekanntmachung in Form von Fotos und Interviews im Web 2.0 zu den selbstverständlichen Partizipationsstrategien weiblicher Portale.

Insgesamt pendeln weibliche Game-Communities zwischen den Versuchen, ihr Portal als Sprungbrett für professionelle Karrieren oder als Kommunikator für „ernsthaften Spielspaß“ zu nutzen. In jedem Falle sind sie multifunktionale Gender-Netzwerke, die sich eigensinnig und engagiert innerhalb der riesigen Computerspielbranche behaupten.

Anmerkungen

1 Vgl. hierzu Jutta Zaremba: „Skins, Body Doubles und Lookalikes. Virtuelle Weiblichkeitsmodelle“ (zusammen mit Birgit Richard), in: Georg Peez & Heidi Richter (Hg.): Kind – Kunst – Kunstpädagogik. Beiträge zur ästhetischen Erziehung, Frankfurt/ Norderstedt 2004, S. 67–82; Dies.: „Gender Non/Konform: Die produktive Uniformität von Heldinnen und Gamerinnen“, in: Winfred Kaminski/Martin Lorber (Hg.): Clash of Realities. Computerspiele und soziale Wirklichkeit, München 2006, S. 161–174; Dies.: „Gaming with girls. Looking for heroes in computer games“ (zusammen mit Birgit Richard), in: Joost Raessens / Jeffrey Goldstein (Hg.): Handbook of Computer Game Studies, MIT Press, Massachusetts, 2005, S. 283–300; „Gender und Games: Virtuelle Frauenfiguren und ihre Fankulturen“, in: Margit Froelich u.a. (Hg.): Computerspiele zwischen Faszination und Irritation, Frankfurt 2007, S. 69–80; Dies.: „Sie will doch nur spielen – Von Cyber-Heldinnen und Spielerinnen-Kulturen“, in: Tobias Bevc / Holger Zapf (Hg.): Handbuch Computerspiele, Politik und Gesellschaft; erscheint im Frühjahr 2009 beim UVK Verlag.

2 http://www.zockerweibchen.de

3 http://www.maedchenblut.de

4 http://www.girlzclan.com

5 http://www.pmsclan.com

Manfred Zentner

Jugendkulturen und -szenen

Setzt man sich mit Jugendkulturen respektive mit jugendkulturellen Szenen auseinander, muss man, will man ihre Bedeutung tatsächlich erfassen, deren Analyse stets im Zusammenhang mit der gesamtgesellschaftlichen Situation durchführen. Denn Jugendkultur, ja generell jegliches Verhalten von Jugendlichen und jungen Erwachsenen ist auch nur ein Produkt ihrer Zeit. Die gesellschaftlichen Werte und Normen, die ökonomischen Bedingungen und die Machtverhältnisse definieren jene Rahmenbedingungen, die den Boden für das Gedeihen und Blühen jeglicher Kultur, und somit auch der Jugendkulturen, darstellen. Werfen wir daher zunächst einen Blick auf die Trends der letzten Jahrzehnte, die das Bild der heutigen Gesellschaft in Zentraleuropa maßgebend geprägt haben.

Sozioökonomische und soziokulturelle Trends

Globalisierung, IK-Technologisierung, Individualisierung und Lebensstilisierung sowie Jugendlichkeitskult sind nur einige der Begriffe, die für holzschnittartige Charakterisierungen jener Entwicklungen zur Situation der Gegenwart herangezogen werden.

Für unsere Untersuchung ist die sogenannte Individualisierung[1] die wesentliche Tendenz der zweiten Hälfte des letzten Jahrhunderts. Darunter versteht man, dass sich die Menschen zunehmend von ihrer Umgebung verschieden gestalten und eigene Rollen(bilder) ausdifferenzieren. Im Gegensatz zur Vergangenheit sind die Einzelnen aus den mitunter stark einengenden Normen, aber auch dem Halt und der Unterstützung der traditionellen Formen der industriellen Gesellschaft freigesetzt und so einer Optionenvielfalt gegenübergestellt – ja ihr ausgeliefert. Denn Wahlfreiheit gekoppelt mit dem Bedeutungsverlust traditioneller Formen des Eingebundenseins in Klasse, Schicht oder Familie heißt auch eine Verpflichtung, selbständig eine Wahl zu treffen. Waren früher die Standardisierungen der Lebenslagen fast ausschließlich entlang von Klassen – also faktisch mit dem Hineingeborensein in bestimmte soziale Verhältnisse – bestimmt, so ist die Normierung heute von Klasse und Stand abgekoppelt. Diese Entwicklung ist aufgrund der Demokratisierung der Bildung(schancen) und der damit einhergehenden Öffnung des Arbeitsmarktes möglich geworden.

Parallel zur steigenden Individualisierung ist eine Institutionalisierung vorhanden, die ihrerseits als Grundbedingung für die Befreiung von Verpflichtungen notwendig ist. Etwa dienen Kinderkrippen und

Kindergärten, Nachmittagsbetreuung, Pensionisten- und Pflegeheime und auch Krankenanstalten der Entlastung der Familienmitglieder bei Betreuungsaufgaben. Gleichzeitig steht man diesen Institutionen aber skeptisch gegenüber, da sie einen für die Einzelnen kaum oder schwierig zu beeinflussenden Raum bilden.

Der Mensch ist im Zeitalter der Individualisierung aber zunehmend auf sich allein gestellt und sucht einerseits Unterscheidung, andererseits Halt von – jeweils unterschiedlichen – Anderen. Ästhetisierung und Stilisierung des eigenen Lebens – der Lebensstil – werden die entscheidenden Merkmale der Individualisierung. Lebensstile, die mit Einschränkungen frei wählbar sind, bieten die Chance der Differenzierung zu Anderen und gleichzeitig eine Möglichkeit neuer Standardisierung und Zusammengehörigkeit – unabhängig von Klassen.[2] Alltagskulturelle Verhaltensweisen sind somit nicht mehr (allein) durch den Passepartout der Sozialstruktur erklärbar. Diese Lebensstile sind nicht mehr nur durch äußere Einflüsse erzwungen, sondern vorrangig selbst gewählt; sie werden bewusst und zielgerichtet gelebt und sind – im Vergleich zu Klassen – instabiler. Verhaltensweisen sind eher durch soziokulturelle Gruppierungen (von einigen Forschern Milieus genannt) als durch sozioökonomische Schichten geprägt. Betont werden muss in jedem Fall, dass die Wahlfreiheit der Lebensstile nicht zu einer Aufhebung sozialer Unterschiede oder zum Wegfall sozioökonomischer Schichten führt. Die gewählten Verhaltensweisen sind expressive Muster, die sichtbarer Ausdruck des Lebensstils und somit Signifikate von Differenz und Übereinstimmung werden. Müller (1992) verortet sie in vier Verhaltens- und Wahrnehmungsdimensionen: dem expressiven Verhalten (Konsummuster, Freizeitaktivität), dem interaktiven Verhalten (Geselligkeit, Mediennutzung), dem evaluativen Verhalten (Einstellungen und Wertmuster) sowie dem kognitiven Aspekt (Selbstwahrnehmung, Wahrnehmung der Umwelt).[3] Lebensstil wird somit als weitgefasster Begriff verstanden.

Eine weitere wichtige gesellschaftliche Tendenz für die Analyse von Jugendkulturen ist die Globalisierung. Dabei ist Globalisierung nicht nur als ökonomischer Prozess zu verstehen, sondern ein durch individuelle Mobilität, Migration und elektronische Medien – und in letzter Zeit durch das Internet noch verstärkter – gestützter Prozess des Austausches und der Angleichung kultureller Handlungsweisen zu sehen. Durch das zunehmende Informationsangebot über „andere" Lebensformen einerseits und Angleichung der Konsumgüter in den Märkten andererseits wird die Pluralität der wählbaren Lebensstile vergrößert.

Durch die wachsende „Konkurrenz" anderer Lebensstile, anderer Alltagskulturen, wird gleichzeitig die Angst vom Verlust der Traditionen und der jeweils alteingesessenen Kultur geschürt. Befürchtet wird von sogenannten Kulturpessimisten das vollständige Verschwinden von Traditionen, wobei vergessen wird, dass gerade in Europa die „Volkskulturen" ebenso wie die bis in die Mitte des 20. Jahrhunderts vorherrschenden

Unterhaltungs- und Hochkulturen einer stetigen gegenseitigen Beeinflussung und damit Veränderung ausgesetzt waren. Nicht zu leugnen ist jedoch der Prozess der Beschleunigung dieser Veränderung in der heutigen Zeit. Trotzdem sind – sofern kulturelle Äußerungen auch als Ausdruck des Widerstands verstanden werden[4] – gerade die traditionellen lokalen europäischen Kulturen nicht „gefährdet", da sie den idealen Lebensstil für eine Protesthaltung gegen eine globalisierte Hegemonialkultur und Einebnung von kultureller Pluralität darstellen können.

Jugendlichkeitskult

Auch die zeitliche Ausdehnung der Phase, die als „Jugend" gesehen wird, muss in den Betrachtungen berücksichtigt werden. Immer früher werden Kinder zu Jugendlichen, und immer später steigen die Menschen aus dieser Lebensphase ins Erwachsenenalter um. War Jugend – eigentlich eine „Erfindung" des 19. Jahrhunderts als Übergangsphase zwischen Kindheit und Erwachsenenalter – bis in die 1980er Jahre auf den Zeitraum von 14 bis 20 (maximal 24) Jahren festgelegt, geht man heute von einer Zeitspanne zwischen dem 11. und dem 30. Lebensjahr aus. Denn immer früher werden die Aufgaben der Jugend angegangen, aber später werden sie abgeschlossen: Immer früher beginnt die Ablösung von der primären Sozialisationsinstanz Familie hin zum Freundeskreis, immer eher setzt die körperliche Reife ein und erfahren Kinder ihre sexuelle Identität, immer früher erfolgt die individuelle Rollensuche; aber immer später erfolgt der Abschluss der Ausbildung, immer weiter wird der Eintritt ins Berufsleben hinausgezögert, immer länger bleiben junge Erwachsene im elterlichen Haushalt (dem Hotel Mama) verankert; letztlich erfolgt die Autonomie immer später.

Dies ist Konsequenz mehrerer Entwicklungen. Zum einen werden durch die Verlagerung von der Industriegesellschaft zur sogenannten Wissens- oder Informationsgesellschaft[5] höhere Bildungsabschlüsse notwendig, um erfolgreich den eigenen Platz in der Gesellschaft einnehmen zu können. Zum anderen ist die Beziehung zwischen Kindern und Eltern weniger konfliktgeladen bzw. geht man mit den Konflikten anders um. Nicht-autoritäre Erziehungs- und Kommunikationsstile ermöglichen ein gedeihliches Nebeneinander der Generationen. Schließlich trägt auch die wirtschaftliche Situation und die damit verbundene Arbeitsmarktlage dazu bei, dass junge Menschen immer später finanzielle Unabhängigkeit erreichen.

Nicht vernachlässigt werden darf in der Darstellung des Settings für jugendkulturelle Szenen die demographische Entwicklung in Europa. Die Bevölkerung wird tendenziell immer älter, weil steigender Lebenserwartung nur geringe Geburtenraten gegenüberstehen. Somit wird Jugend ein immer selteneres und daher wertvolleres Gut. Und dieses Gut wird von Erwachsenen zunehmend zu beanspruchen versucht: Mehr und mehr Erwachsene wollen nicht auf die Freiheiten der Jugend verzichten. Man möchte dieselbe

Musik hören, dieselben Lokale besuchen und dieselbe Kleidung tragen. Ein jugendlicher Lebensstil verspricht anscheinend auch Jugend. Warum auch nicht? Wenn man länger alt bleibt, möchte man zumindest später mit dem Altsein beginnen. Dadurch wird den Jugendlichen aber ein wertvolles Mittel der Identitätsbildung verknappt: die Möglichkeit der Differenz zu den Erwachsenen. Diese Anpassung der Erwachsenen an die Jugendlichen zeigt sich nicht nur im Einsatz der expressiven Stilmittel, sondern auch in den kognitiven Aspekten und in den Einstellungen. Zur Bestimmung der eigenen Rolle in der Gesellschaft gehört auch das Erkennen der eigenen Grenzen mittels Austesten des selbst zu Bewältigenden und des gesellschaftlich Akzeptierten durch das Herantasten an den Tabubruch. In einer weitgehend auf liberalen Einstellungen fußenden Gesellschaft ist das Finden von Tabus bereits eine schwierige Aufgabe, das Brechen derselben jedoch eine schier unbewältigbare Herausforderung. Genügte es in autoritären Gesellschaften bereits, einfach den Eltern zu widersprechen, um an Tabus zu kratzen, ist es heute kaum mehr machbar, Eltern aufzuregen. Reichte es früher, ohne Krawatte die Universität zu besuchen oder die Songs von Elvis Presley zu hören, so sind heute weder lange Haare bei Männern, Tätowierungen noch Piercings Anlass für einen zweiten Blick oder gar für lautstarke Auseinandersetzungen der Generationen.

Überspitzt formuliert heißt das: Jugendliches Protestverhalten, das der Abgrenzung von den anderen Generationen ebenso wie der Auslotung der eigenen Grenzen – und damit der Identitätsbildung – dient, wird nicht mehr zugelassen, weil es *eingefordert* wird. Moderne Erwachsene „verstehen" die Jugendlichen von heute, sie tolerieren abweichendes Verhalten und möchten ihren besten Freunden – ihren eigenen Kindern nämlich – deren individuelle Entfaltung nicht absprechen. Daher wird fast alles toleriert, akzeptiert und respektiert. Jugendliches Anderssein wird zu einem Dinge der Unmöglichkeit. Ja selbst adoleszente Unzufriedenheit und Protest gegen die elterliche Lebensweise wird fast schon verlangt: „Ich weiß, dass dir das nicht passt, da musst du ja dagegen sein, aber das ist absolut in Ordnung", scheint die Erziehungsfloskel aufgeklärter Eltern zu sein. Wurde die 68er-Jugendgeneration autoritär erzogen, worauf sie mit Rebellion reagierte, gaben diese ihren Kindern Selbständigkeit als Ideal mit. Jene wiederum versuchen ihre Eltern in Toleranz zu übertreffen und wollen ihre Kinder zu Selbständigkeit durch Widerstand erziehen. Das führt aber nur dazu, dass Heranwachsende ihre Ablehnung einzig in demonstrativer Gleichgültigkeit gegenüber dem Protestwunsch ihrer Eltern zeigen können. Was letztlich aber doch zu Verstörung der Eltern führen kann. Jungsein wird heute – wie jeder Generation – nicht leicht gemacht, aber nun mit anderen Vorzeichen.

Insgesamt lässt sich der Rahmen für Jugendkulturen im Nachlassen der Bedeutungsmacht der industriegesellschaftlich geprägten Sozialstruktur zugunsten steigender Selbstbestimmung der einzelnen Individuen vor der Matrix einer globalisierten Kulturlandschaft sehen. Die wachsende Bedeutung der Medien sowie der Kommunikations- und Informationstechnologie führt zu einer weiteren Beschleunigung der Individualisierungstendenzen. Daneben zwingt der Jugendlichkeitskult der Gesellschaft die tatsächlich jugendlichen Menschen dazu, durch besonders ausdifferenzierte Alltagskultur die Unterscheidung von der Erwachsenenwelt zu stilisieren. Und die Ausdehnung der Jugendphase erlaubt letztlich eine intensive Auseinandersetzung und Inszenierung der Jugendkulturen, da sie nicht nur von Adoleszenten, sondern auch von Jung-Erwachsenen getragen werden.

Jugendkultur am Beginn des 21. Jahrhunderts

Der Zwang zur Individualisierung führt zu einem Bedeutungsverlust traditioneller Gemeinschaftsformen wie Vereinen oder Parteien. In diesen Organisationen werden die Bindungen als zu stark wahrgenommen. Ein Eintritt in so eine Vereinigung wird vielfach mit dem Abgeben von individuellem Entscheidungspotenzial gleichgesetzt. Anstelle der einschränkenden starken Bindungen gewinnen schwache Bindungen zu Gruppierungen an Wichtigkeit, die es trotzdem erlauben, Gemeinschaft zu erleben. Für Erwachsene sind dies – auch – ästhetisch inszenierte Lebensstile und Milieus, bei Jugendlichen spricht man von Szenen. Das Szenekonzept findet in den 1980er Jahren Eingang in die sozialwissenschaftliche Literatur und wurde vor allem in Österreich und Deutschland eingehend behandelt. Der deutsche Soziologe Ronald Hitzler charakterisiert Szenen als „thematisch fokussierte Netzwerke von Personen, die bestimmte materielle und/oder mentale Formen der kollektiven Stilisierung teilen und Gemeinsamkeiten an typischen Orten und zu typischen Zeiten interaktiv stilisieren und weiterentwickeln“.[6] Diese Netzwerke sind aufgrund von ästhetisch-stilistischen Gemeinsamkeiten in Bezug auf thematische Schwerpunkte gebildet und nicht aufgrund „objektiver“, messbarer Kategorien wie Bildung, Herkunft, Geschlecht, Alter oder Einkommen – somit nicht durch sozioökonomische Bedingungen.

In Szenen dient somit stets ein expressiver Gruppenstil als Erkennungs- und Abgrenzungszeichen. Dabei stellen expressive Gruppenstile einen Orientierungsrahmen für die alltagskulturelle Selbst- und Fremdverortung im Raum von Jugend(sub)kulturen zur Verfügung.[7] Damit wird ausgedrückt, dass in Szenen Symbole als Erkennungszeichen dienen, die dabei helfen, andere Personen als zur eigenen Gruppe gehörig einzuordnen. Sie helfen den Jugendlichen auch, die eigenen Interessen, den eigenen Platz, die eigene Zugehörigkeit zum Ausdruck zu bringen und demonstrativ anschaulich zu machen. Dabei sind diese ästhetisch-stilistischen Symbole jedoch keineswegs nur auf die Kleidung reduziert. Musikvorlieben gehören ebenso dazu wie Bewegungsmuster, die Sprache, Körpermodifikationen, Kommunikationsmuster oder Spielkultur.

Abgesehen von den ästhetisch-stilistischen Symbolen, die eine Szene charakterisieren und darstellen, sind allerdings in jeder Szene auch zwei weitere Dimensionen festzumachen: Neben der Expression sind dies Werthaltungen und die vorherrschende Interaktionskultur, die von Szene zu Szene unterschiedlich sind und über Nähe und Abstand verschiedener jugendkultureller Lebenswelten zueinander entscheiden. Diese Faktoren haben in den verschiedenen Szenen unterschiedlich starke Gewichtung, sind allerdings für alle Szenen aufzeigbar. Insgesamt kann man jede Szene auf drei Säulen fußend darstellen[8]: Expression, Einstellung und Beziehung. Die Inszenierung der Szenezusammengehörigkeit erfolgt im Rahmen bestimmter Situationen, Orte und zu gewissen Zeiten. Letztlich darf man den sozioökonomischen Background als Zugangsschranke nicht vollständig vernachlässigen.

Die expressiven Stilelemente sind in der Öffentlichkeit natürlich unmittelbar wahrzunehmen, aber für jede Szene sind die anderen Säulen nachweisbar. Punks, Emos, Krocha, HipHopper oder Skateboarder erkennt man im Straßenbild auf den ersten Blick – zumindest geübten Beobachtern sind die charakteristischen Symbole offensichtlich. Auch das Körperbild ist ein Erkennungsmerkmal. So demonstrieren Jugendliche in Szenen wie Fitness oder Beachvolleyball ihren Körper und inszenieren diese Präsentation auch dementsprechend, während in anderen Sportszenen wie Skateboard der – durchaus trainierte Körper – in einem dezenten Understatement geradezu durch die weite Kleidung versteckt wird.

Im Bereich der Einstellung sind allgemeine Überzeugungen, Weltanschauungen ebenso zu finden wie Leitsätze. In jeder Szene lassen sich dominante Einstellungen nachweisen; manche jugendkulturellen Szenen haben diese Säule als die eigentlich tragende. Es gibt Szenen, die ihre Begründung vorrangig in einer gemeinsamen Weltanschauung haben, wie beispielsweise Jesus-Freaks, Autonome oder Umweltaktivisten. Bei diesen sind jeweils Überzeugungen das Verbindende, expressive Gruppenstile als Erkennungszeichen sind den Werthaltungen nachgereiht. So sind Veganer über ihre Einstellung zur Nutzung von Tieren definiert, haben aber auch gemeinsame Kleidungscodes. Hardcore-Punk ist ihre Musikrichtung.

Die Beziehungsdimension der Szenen wird durch die Bedeutung des Individuums gegenüber der Gruppe, aber auch durch die Genderrelation sowie das Rollenverständnis bestimmt. Freunde sind für alle Jugendlichen von großer Wichtigkeit; in manchen Szenen wird die Gruppe aber zum bestimmenden Element der Szene-Identität. Beispielsweise definieren sich Fußballfans über die Zugehörigkeit zu „ihrem" Verein und lassen die Individualität bei Matches hinter die Bedeutung des Fanblocks zurücktreten. Eine Szene wie Fitness zeichnet sich dagegen durch stark ausgeprägten Egozentrismus aus.

Durch Ähnlichkeit und Nähe in bestimmten Dimensionen der Szenen untereinander entstehen Szenelandschaften, die es den Jugendlichen ermöglichen, in vollendeter postmoderner Manier von einer Szene in eine benachbarte zu wechseln und so eine eigene, vollständig individuelle Identität zusammenzumixen. Jugendliche heute gehören daher auch nicht nur zu einer Jugendkultur, sondern können gleichzeitig in mehreren beheimatet sein. Durchschnittlich fühlen sich Jugendliche zu ca. 2,5 Szenen zugehörig, und insgesamt geben mehr als 80 Prozent der Jugendlichen in Österreich an, zumindest einer Szene anzugehören. Nimmt man noch die Sympathie zu bestimmten Szenen als sehr schwache Bindung zu einer der Jugendkulturen an, so sind mehr als 95 Prozent der Heranwachsenden Szene-Insider. Dabei sind die größten Szenen Snowboard, Fußballfans, Computerspieler und Fitness-Freaks[9].

Trotz der Offenheit der Szenen für alle Jugendlichen sind – ähnlich wie bei Lebensstilen – sozioökonomische Barrieren beim Einstieg in die Szenen zu berücksichtigen. Vereinfacht ausgedrückt gibt es günstige und teure Szenen. Das kann Kleidung, technisches Equipment oder Eintrittsgelder bei Veranstaltungen betreffen. Jedoch werden finanzielle Zugangsbarrieren zu Szenen niedriger, je größer die jeweilige Szene wird, das heißt je populärer die Szene wird und je mehr sie in den „Mainstream" der Jugendpopulation Einzug findet. Das erklärt sich aus der Diffusion von (kulturellen) Innovationen in die Gesellschaft: Von einer kleinen Gruppe von Trendsettern wird eine Neuerung in die Gesellschaft eingeführt, die von einer ebenfalls noch kleinen Gruppe „early adoptern" aufgegriffen und etabliert wird und schließlich zu einem Breitenphänomen wird.

Die regionale Herkunft hat Einfluss darauf, zu welcher Szene Jugendliche gehören, jedoch nicht auf Szenezugehörigkeit insgesamt. Auch geschlechtermäßig gibt es Unterschiede in der Auswahl der Szenen: Es gibt typisch männliche Szenen wie Fußballfans oder PC-Spieler und deutlich weibliche Szenen wie Ökos und Alternative. Insgesamt gehören Mädchen aber zu einem fast so hohen Prozentsatz zu Szenen wie ihre männlichen Alterskollegen.

Szenezugehörigkeit und Widerstand

Szenen dienen den Jugendlichen als Mittel der Unterscheidung von anderen Jugendlichen in anderen Jugendkulturen einerseits und von Erwachsenen, die nicht bereit sind, sich mit den Szenen mehr als oberflächlich auseinanderzusetzen, andererseits. Zu einer Szene zu gehören heißt jedoch nicht automatisch auch bewusste Protesthaltung gegen die Gesellschaft. Allein schon wegen der hohen Toleranz gegenüber einer Vielzahl von Jugendkulturen innerhalb der Gesellschaft ist es oft nicht sinnvoll, dadurch Protest auszudrücken. Offensichtlich ist, dass jene Szenen, die sich vorrangig über eine gemeinsame Einstellung definieren und diese inszenieren, damit meist einen Protest gegen gesamtgesellschaftliche Trends zum Ausdruck bringen wollen. Andererseits sind Szenen wie HipHop durchaus auch als Protest zu verstehen. Auch wenn die Kultur längst von der Marktwirtschaft vereinnahmt worden ist, ist der widerständische, zumindest anprangernde Charakter hier nicht zu leugnen, selbst wenn diese Form des Protests von der Erwachsenengesellschaft oftmals nicht gesehen oder verstanden wird. Veränderung und Engagement findet man bei Jugendlichen bei den Lebensbereichen, die ihnen wichtig sind. Und das ist bei Veganern der Tierschutz, bei HipHoppern die Entfaltungsmöglichkeit in der städtischen Umgebung und bei Computerfreaks die freie Nutzung des Internets. Somit ist Partizipation wie auch die Szenenstilisierung an typische Orte (auch virtuelle) und typische Zeiten gebunden. Aber gerade diese neuen Formen alltagskulturellen Protests und Widerstands müssen Erwachsene erst erkennen.

Anmerkungen

1 Vgl. u.a.: Beck, Ulrich: Risikogesellschaft. Auf dem Weg in eine andere Moderne, Frankfurt/Main 1986. Giddens, Anthony: Modernity and Self-Identity. Self and Society in the Late Modern Age, Stanford 1991. Eine Kurzdarstellung der gesellschaftlichen Entwicklungstendenzen kann bei Hahn, Heinzlmaier, Zentner (1999) eingesehen werden.

2 Zur Problematisierung des Lebensstilansatzes vergleiche: Bourdieu, Pierre: Die feinen Unterschiede. Kritik der gesellschaftlichen Urteilskraft, Frankfurt/Main 1983; Schulze, Gerhard: Kultursoziologie der Gegenwart, Frankfurt/Main 1993, Berger/Hradil (Hrsg.): Lebenslagen, Lebensläufe, Lebensstile. Soziale Welt, Sonderband 7. Göttingen 1990. Seitens der Kulturwissenschaften werden Lebensstile ebenfalls untersucht, wenn auch oftmals nicht unter diesem Terminus behandelt. Oft stehen die Begriffe Alltagsleben, Alltagskultur, *popular culture* oder auch *common culture* im Mittelpunkt. Letztlich geht es jedoch im weitesten Sinn um Lebensstile, die als Distinktionsmittel eingesetzt werden. Vgl. hier unter anderem auch die Arbeiten des CCCS unter der Leitung von Hall, die Arbeiten von de Certeau oder John Fiske.

3 Müller, Hans-Peter: Sozialstruktur und Lebensstil. Frankfurt/Main 1992.

4 Vgl. z.B.: Langman, Lauren: Punk, Porn and Resistance. Carnivalization and the Body in Popular Culture, in Current Sociology, Vol. 56, No. 4, July 2008, S. 657–677. Ebenso wird

das Thema der Expression von Widerstand durch Alltagskultur in der Österreichischen Zeitschrift für Soziologie (32. Jg, Heft 4/2007: Die Soziologie der Cultural Studies) thematisiert.

5 Konrad Paul Liessmann verfasste in „Theorie der Unbildung. Die Irrtümer der Wissensgesellschaft" eine mehr als lesenswerte Analyse dieser Informationsgesellschaft.

6 Hitzler; Bucher; Niederbacher: Leben in Szenen. Formen jugendlicher Vergemeinschaftung heute. Wiesbaden 2005, 2., aktualisierte Auflage.

7 Silbereisen; Vaskovics; Zinnecker (Hrsg.): Jungsein in Deutschland. Jugendliche und junge Erwachsene 1991 und 1996, Opladen 1996.

8 Zentner, Manfred: Young People, Culture and New Technologies, in: Bendit, René, Hahn-Bleibtreu, Marina (eds.): Youth Transitions. Process of social inclusion and patterns of vulnerability in a globalised world, Opladen & Farmington Hills, 2008, S. 273–283.

9 Als Datenquelle für die angegebenen Werte diente die Untersuchung „elf/18 – Die Jugendstudie 2007" vom Institut jugendkultur.at.

Literatur

Beck, Ulrich: Risikogesellschaft. Auf dem Weg in eine andere Moderne, Frankfurt/Main 1986.

Berger, Peter A.; Hradil, Stefan (Hrsg.): Lebenslagen, Lebensläufe, Lebensstile. Soziale Welt, Sonderband 7. Göttingen 1990.

Giddens, Anthony: Modernity and Self-Identity. Self and Society in the Late Modern Age, Stanford 1991.

Großegger, Beate; Heinzlmaier, Bernhard: Die neuen Vorbilder der Jugend, Wien 2007.

Großegger, Beate; Heinzlmaier, Bernhard; Zentner, Manfred (Hrsg.): Jugendmarketing. Setzen Sie ihre Produkte in Szene, Wien 1999.

Großegger, Beate; Heinzlmaier, Bernhard; Zentner, Manfred: Youth scenes in Austria, in: Furlong, Andy & Guidikova, Irena (eds.): Transitions of youth citizenship in Europe: culture, subculture and identity, Council of Europe, Strasbourg 2001.

Hahn, Marina; Heinzlmaier, Bernhard; Zentner Manfred: Die Freizeitsituation Jugendlichen in Österreich, in: Friesl u.a. (Hrsg.): Erlebniswelten und Gestaltungsräume. Ergebnisse des Dritten Berichts zur Lage der Jugend in Österreich, Graz und Wien 1999.

Hitzler, Roland; Bucher, Thomas; Niederbacher, Arne: Leben in Szenen. Formen jugendlicher Vergemeinschaftung heute. Wiesbaden 2005, 2., aktualisierte Auflage.

Hurrelmann, Klaus: Einführung in die Sozialisationstheorie (9. Auflage), Weinheim und Basel 2006.

Hurrelmann, Klaus: Lebensphase Jugend. Eine Einführung in die sozialwissenschaftliche Jugendforschung (6. Auflage), Weinheim und München 1999.

jugendkultur.at – Institut für Jugendkulturforschung und Kulturvermittlung: Elf/18 – Die Jugendstudie 2007. Eigenforschung.

Langman, Lauren: Punk, Porn and Resistance. Carnivalization and the Body in Popular Culture, in: Current Sociology, Vol. 56, No. 4, July 2008, S. 657–677.

Liessmann, Konrad Paul: Theorie der Unbildung. Die Irrtümer der Wissensgesellschaft, Wien 2006.

Müller, Hans-Peter: Sozialstruktur und Lebensstil. Frankfurt/Main 1992.

Nilan, Pam; & Feixa, Carles (eds.): Global Youth, Hybrid identities, plural worlds, London und New York 2006.

Österreichische Zeitschrift für Soziologie, 32. Jg, Heft 4/2007: Die Soziologie der Cultural Studies .

Perasovic, Benjamin: The notion of youth culture in contemporary context, in: Titley, Gavan (ed.): Resituating Culture, Council of Europe, Strasbourg 2004.

Silbereisen, Rainer K.; Vaskovics, Laszlo A.; Zinnecker, Jürgen (Hrsg.): Jungsein in Deutschland. Jugendliche und junge Erwachsene 1991 und 1996, Opladen 1996.

Zentner, Manfred: Young People, Culture and New Technologies, in: Bendit, René; Hahn-Bleibtreu, Marina (eds.): Youth Transitions. Process of social inclusion and patterns of vulnerability in a globalised world, Opladen & Farmington Hills, 2008, S. 273–283.

Kapitel 5
Kultur als Kampfmittel

Michael und Rita Wolffsohn

Arbeit im Mikrokosmos Gartenstadt Atlantic

Michael Wolffsohn

> Palmström wagt nicht, sich zu schnäuzen.
> Er gehört zu jenen Käuzen,
> Die ganz unvermittelt nackt
> Ehrfurcht vor dem Schönen packt.

Jener „Palmström" Christian Morgensterns war unser gedanklicher Leitstern beim Versuch, Harmonie, zumindest etwas mehr Harmonie, in den konfliktprallen Stadtteil „Gesundbrunnen" im wilden Norden Berlins zu bringen, in die Wohnanlage Gartenstadt Atlantic, die ich im Jahre 2000 erbte.

Kultur war und ist unser „Kampfmittel" gegen urbane, sprich: menschliche Verrohung, Verlotterung, Verslumung und Ghettoisierung. Als Fallbeispiel möchten wir Ihnen den Mikrokosmos Gartenstadt Atlantic vorstellen.

Hier einige Stichworte zu unseren Leitlinien:

- Integration und mehr Harmonie statt Segregation und Konflikt.
- Die Gebäude, selbst die modernisierten, sind nur der Leib der Wohnanlage, Kultur ihre Seele.
- Erst die Verbindung von „Leib und Seele" ermöglicht „Identität" im Sinne eines „Mit-sich-eins-Seins" (Mit-seinem-Selbst-identisch-Sein).
- Ohne Identität keine Identifizierung.
- Ohne Identifizierung mit der Umwelt ist deren Zerstörung programmiert.
- Unser Programm heißt: Identifizierung durch Identität.
- Unser Instrument bzw. „Kampfmittel": Kultur.
- Kultur als Ästhetisierung bzw. Verschönerung der Umwelt.

Zur „Kultur" gehören im Sinne unserer operationalen Definition bzw. Arbeit im Mikrokosmos Gartenstadt Atlantic auch die Bereiche „Gesundheit" (Gesundheit als „Körperkultur") und Technik. Und Technik verstehen wir als Instrument des Menschen für den Menschen. Als Instrument ist Technik daher bestimmten Werten, sprich: „Kultur" untergeordnet. Wieder sei das Bild Leib-Seele erlaubt. Technik ist der Leib, Kultur die

Seele. Kultur verstanden als ästhetisch und im Sinne (an)gebotener und gelebter Zivilität im Lebensalltag Erlebtes. Kultur als urbane Kommunikation und durch Kommunikation Identifikation – unabhängig von Herkunft, Hautfarbe, Religion, Einkommen oder Ausbildung.

Die Kurzfassung unseres Programms zur Wiederbelebung der Gartenstadt Atlantic lautet daher: durch das „Kampfmittel" Kultur Identifizierung und durch Identifizierung Integration.

Der Ouvertüre folgt die Oper „Mikrokosmos Gartenstadt Atlantic".

„Proletarier aller Länder, vereinigt euch!" Nein, nicht das Kommunistische Manifest ist gemeint, sondern die wahrscheinliche Gemütslage der Gartenstadt-Atlantic-Mieter im Jahre 2000. Desolat war der bauliche und soziokulturelle Zustand jener denkmalgeschützten Nordberliner Wohnanlage, die der deutsch-jüdische Architekt Rudolf Fränkel (Jahrgang 1901) zwischen 1925 und 1930 konzipierte und realisierte, die mein Großvater Karl Wolffsohn sowohl mitfinanzierte als auch miterdachte und für die der Architekt 1927 den ersten Preis des Deutschen Werkbundes beim Wohnanlagen-Wettbewerb erhielt. Dabei verwies er weltberühmte Kollegen wie Mies van der Rohe oder Bruno Taut auf die hinteren Plätze. Zu Recht, denn die Gartenstadt Atlantic war – und ist wieder – in ihrer Art einzigartig. Wodurch?

Wegen des baulichen Konzeptes? Vielleicht. Als Historiker maße ich mir hierzu kein Urteil an. Die Einzigartigkeit der Gartenstadt Atlantic bot und bietet, was ich als „humanes, totales Wohnen" bezeichnen möchte. Konkret: Sie bot ihren Bewohnern von Anfang an nicht nur ein menschenwürdiges und ästhetisch ansprechendes Dach über dem Kopf; sie verbindet Wohnen, Schlafen, Einkaufen, Freizeit, Bildung und Kultur sowie Luft, Licht (auch bei Nacht), Sonne, Grün, Gesundheitsdienste. Sie bietet körperliche und seelische Gesundheit. Wohnen in der Gartenstadt Atlantic bedeutete und bedeutet Wohnen für Leib und Seele, Körper und Geist.

Architektonisch-ästhetischer, funktionaler sowie kultureller Höhe- und Mittelpunkt war das Großkino „Lichtburg", vollendet 1930. Es war als kleine Welt in der großen weltberühmt und bot 2000 Sitzplätze. Im Lichtburg-Komplex befanden sich noch ein Hotel, Restaurant, Café, Tanzsäle, Läden. Den Zweiten Weltkrieg überstand die Lichtburg fast unversehrt, die Abrissbirne des Westberliner Senats überlebte sie 1970 nicht.

Und heute? Umgeben von praller Urbanität und stadtteilbedingter Vulgarität bietet die GA mit ihrem begrünten Innenleben, also ihren Innenhöfen, Balkonen oder Loggien, wirklich und wörtlich Garten plus Stadt, und als Gartenstadt in der Stadt ist sie eine Stadt in der Stadt. Im extrem fragmentierten Berlin und sozioökonomisch negativ segmentierten Wedding war und ist sie wieder eine Oase der Bürgerlichkeit, Behaglichkeit und Zivilität. Diese altneue Identität des Mikrokosmos GA wiederum schafft Identifizierung der Mieter mit dem Mikrokosmos Wohnanlage und über diesen Mikrokosmos mit dem Makrokosmos Berlin und Deutschland.

Angesichts des inländischen sozioökonomischen Gefälles in Stadt und Gartenstadt sowie des hohen Ausländer- bzw. Migrantenanteils (20 Prozent in der Gartenstadt Atlantic und zwischen 30 und 40 Prozent im Wedding) ist die neue Gartenstadt Atlantic zugleich ein Integrationsprojekt. Integration durch Kultur.

Diese hier gebotene Zivilität durch Kultur schafft schichten- und herkunftsübergreifende Attraktivität. Diese überwindet den einstigen Leerstand von ca. 30 Prozent. Neue Mieterschichten stoßen zu den alten, die bewusst gehalten und nicht vertrieben wurden. So wurde Vollvermietung erreicht und die soziokulturelle Zusammensetzung der Mieterschaft schichtenübergreifend durchmischt, vollkommen „umgekrempelt" bzw. revolutioniert. Nicht nur die Mieterschaft, sondern, durch die Größe der Wohnanlage, die Einwohnerschaft des Stadtteils.

Diese Wort-Pinselstriche zur konzeptionellen Vergangenheit, Gegenwart und Zukunft der Gartenstadt Atlantic mögen genügen.

Wiederbelebung und Integration durch das Kampfmittel Kultur in der Gartenstadt Atlantic sind Wahnsinn. Das sind die Stichworte für unseren Wahnsinn: Bürgersinn statt Eigensinn, bauhistorisches Juwel, intergenerationelle Pietät, Familiengeschichte, jüdische Geschichte, deutsche Geschichte. Wenn man, zumal als Historiker, Geschichte „machen" und nicht nur lehren oder erforschen kann, muss man sie machen. Ähnliches gilt für Kultur und Integration. Reden reicht nicht. Machen muss man, wenn man kann. Wasser predigen und Wein trinken – „das tut man nicht".

Großmeister Goethe hatte in „Wilhelm Meisters Wanderjahren" (1829) bzw. in seinen „Maximen und Reflexionen" recht: „Alles Gescheite ist schon gedacht worden, man muss nur versuchen, es noch einmal zu denken." Die GA ist schon von Rudolf Fränkel und Karl Wolffsohn gedacht und gemacht worden; wir mussten nur versuchen, sie noch einmal zu denken, unter total veränderten Bedingungen. Wir mussten das Rad nicht neu erfinden, sondern nur wieder finden und modernisieren.

Rita Wolffsohn

Die angesprochene Wohnanlage, bestehend aus etwa 50 Häusern, ca. 500 WE und ca. 30 GE in Berlin-„Gesundbrunnen", erbaut von dem deutsch-jüdischen Architekten Rudolf Fränkel, war konzipiert für Arbeiter, unteren Mittelstand, einfachere Bevölkerungsschichten – d.h. Wohnraum für den kleinen Geldbeutel.

Mit der Modernisierung als Kultur- und Integrationsprojekt der Gartenstadt Atlantic begannen wir im Jahre 2000. Der Schwerpunkt erster Überlegungen war die kulturelle und integrative Komponente, die sich angesichts der Mieter, der Lage und des Zustandes geradezu aufdrängte.

Die Geschichte hatte es mit der Gartenstadt Atlantic nicht so besonders gut gemeint; sie betraf ja auch die Städte und hinterließ dort ihre Spur: Den Krieg überlebte die Anlage vergleichsweise wenig beschädigt.

Die Teilung Berlins und der Mauerbau 1961 bedeuteten dann für diese Wohnanlage den Niedergang. Obgleich im Westteil, aber unmittelbar an der Sektorengrenze gelegen und an drei Seiten von der Mauer umgeben, ohne Fluktuation aus den umliegenden Quartieren, ohne den anderen Teil Berlins, war der Gesundbrunnen eine Sackgasse, das tote Ende, das einstige Herzstück und Mittelpunkt der Anlage, das Großkino „Lichtburg" samt Lichtburg-Komplex abgerissen.

Mit diesem wesentlichen Bestandteil hatte die Anlage früher ihren Bewohnern – und zugleich dem ganzen Quartier – neben anspruchsvollen Wohnungen auch Vergnügungs- und Unterhaltungseinrichtungen geboten. Außerdem eine große Vielfalt an Gewerbeeinrichtungen und Naherholung. Große und kleine Kultur, vor allem Stadtkultur.

Wie können wir das Zusammenleben verschiedener Kulturen, Religionen, Nationalitäten, Ethnien verbessern, was können wir zum friedlichen Zusammenleben der sehr unterschiedlichen Personengruppen beitragen, Feindseligkeit und Fremdenfeindlichkeit vermeiden?

Wie kulturelle Vielfalt erhalten, Integration von Minderheiten begünstigen? Wie einerseits Urbanität und Öffentlichkeit, andererseits behagliche Kiezatmosphäre herstellen, Zivilität in der Gesellschaft schaffen oder erhalten?

Integration ist eine Herausforderung, auf die eine Antwort gefunden werden muss. Im Norden Berlins ist der „clash" der Kulturen und der Schichten Realität.

Angesichts der vorgefundenen Situation – schwierige Mieterstruktur in schwieriger Gegend, in schwieriger Zeit – haben wir uns entschieden, die Anlage wiederzubeleben. Es ist ein Pilotprojekt urbaner Erneuerung.

Die Gartenstadt Atlantic heute, modernisiert zwischen 2001 und 2005, ist unsere Antwort auf die drängenden Fragen nach Integration und Kommunikation, für die wir unser gesamtes ererbtes Vermögen einsetzten.

Die Modernisierung war der erste Schritt, die architektonisch-bauliche Voraussetzung, die die konzeptionelle Umsetzung des „Mikrokosmos Gartenstadt Atlantic" ermöglichte.

Wohnungen sind mehr als Höhlen. Das Quartier, in dem sich die Wohnungen befinden, muss Gelegenheit zur Identifizierung geben, den Rückzug ins Private ermöglichen. Das Notwendige und das Schöne des Alltags muss erreichbar oder erlebbar sein: Leben, Lernen, Arbeiten, Einkaufen, Freizeit und Vergnügen, Nähe und Ferne, Nachbarn, Freunde – alles zusammen gehört zu einer menschlichen Stadt, zum Umfeld, zur Urbanität.

Die Vielfalt war und ist in der Gartenstadt gegeben: 2000 lebten hier bei etwa 30 Prozent Leerstand ca. 30 Prozent Altmieter, 30 Prozent Ausländer, soziologisch eher problematisch, wenig Deutschkenntnisse, Bildungsniveau niedrig.

Wir hatten somit zwei Ziele:

1. mussten diejenigen, die bei uns wohnten, zu einem sozialverträglichen Verhalten motiviert werden – also Erziehung durch Partizipation, Kommunikation, Vorbild, Bildung und Kultur, und
2. mussten wir andere Mieter gewinnen.
   Um dies zu erreichen, mussten wir die Mieter dazu bringen, sich mit „ihrer" Gartenstadt zu identifizieren – alle Schichten, mehr oder eher weniger gebildet, müssen in schöner Mischung ein „Wir-Gefühl" entwickeln können, so dass eine nachbarschaftliche Identität entsteht.

Kurz: So entstand ein neuer Mikrokosmos – heute voll vermietet mit einem unproblematischen Ausländeranteil von etwa 20 Prozent (oder Migrationshintergrund).

Das neue Konzept des „Mikrokosmos Gartenstadt Atlantic" ging vom Ursprung aus, berücksichtigte aber die veränderte Situation und steht im Wesentlichen auf den zwei Säulen Kultur und Gesundheit. Es sah den Ausbau der Läden des angesichts eines Einkaufszentrums chancenlosen Kleingewerbes zu Künstlerateliers vor. Auch mussten Außenraum und Umfeld attraktiv gestalten werden, eine kulturelle Aufwertung erfolgen.

Wesentliche Bausteine seien im Einzelnen skizziert:

Die Lichtburg als Mittelpunkt gab es nicht mehr. An sie wollten wir eine symbolische Erinnerung. „Phantom der Lichtburg": Licht erhellt den Raum, schafft Atmosphäre und zieht zudem Menschen an, ermöglicht auch mehr Sicherheit, indem lichtscheues Publikum ferngehalten wird.

Das Lichtburgforum, ein Veranstaltungsraum für ca. 80 Personen, wurde geschaffen – es ist das neue Herzstück, ein ganz kleiner Ersatz für die zerstörte Lichtburg. Vieles findet dort statt:

1. Gesundheit: Gesundheitsforum Atlantic mit Vorträgen, Vernetzung mit unseren Partnern
2. Kultur: Konzerte, Theater, Filme, Vorträge, Lesungen, politische Diskussionen, Ausstellungen, Seminare und Konferenzen, Kabarett – manchmal mehrere Programme kombiniert

Das Bf-Atelier zeigt eine ständige Design-Ausstellung.

Sowohl das Atelier Günther Uecker als auch der Neue Berliner Kunstverein haben Ateliers in der GA.

Die verschiedenen Lernwerkstätten mit ihren Angeboten für Kinder (und manchmal auch deren Eltern) sind die besonders wichtigen Bausteine im Mikrokosmos:

Lernwerkstatt Museum: Diese Teilnehmer sind üblicherweise nicht in Museen anzutreffen, sie werden an Kunst herangeführt in Zusammenarbeit mit den Staatlichen Museen zu Berlin. Sie erfahren nicht nur Essenzielles über die Kultur der Mehrheitsgesellschaft, sie erfahren vieles über ihre eigene Identität und erleben Integration.

Für das Klingende Museum gilt das Gleiche auf dem Gebiet der Musik in Zusammenarbeit mit Gerd Albrecht, Dirigent und u.a. ehemaliger Intendant der Dresdener Semper-Oper. Diese Einrichtung widmet sich besonders türkischen Jugendlichen, türkischer Musik und türkischen Instrumenten.

Moderne Erziehung und Kultur ist ohne eine Lernwerkstatt Naturwissenschaft und Technik undenkbar, unmöglich. Zwei Abteilungen „Zauberhafte Physik", eine weitere „PC, Luft- und Raumfahrt" mit Angeboten für bildungsferne Schichten, jung und alt, führen Kinder an naturwissenschaftliche Phänomene heran, vervollständigen die erzieherischen Einrichtungen.

Sie alle leisten einen eminent wichtigen Beitrag zu Integration und Bildung – nicht nur unserer Mieter, auch des angrenzenden Quartiers. Nur über die Kinder werden die Familien, zuerst die Mütter, erreicht.

Für diese Lernwerkstätten wurden von uns Drittmittel akquiriert.

Zum weiteren Mikrokosmos gehören ein Kindergarten, mehrere Gewerbeeinrichtungen des täglichen Bedarfs, medizinische und medizinnahe Praxen, ein Café-Restaurant und ein Fußball-Shop der Berliner Fußball-Ikone Hertha BSC, deren Ursprung vor 80 Jahren tatsächlich in der Gartenstadt Atlantic war.

Sie erhöhen die Qualität des Quartiers, vor allem aber sind sie kommunikative Treffpunkte.

Kultur findet nicht nur in Räumen statt, sondern soll auch außerhalb der umbauten Räumlichkeiten in Luft und Sonne stattfinden: Open-Air-Veranstaltungen und „Events" mussten möglich, Kommunikation gefördert werden. So entstand der große Vorplatz für Feste u.a. sowie geplante „Begegnungsräume" mit Sitzgelegenheiten, Brunnen, Spielplätzen – sie laden zum Sitzen und zum Gespräch ein.

Mikrokosmos Gartenstadt Atlantic – das ist die Gesamtheit von Mietern und Akteuren sowie Partnern der Kultur- und Gesundheitseinrichtungen, auch aus dem Umfeld mit Rückwirkung auf dieses.

Die Deutsche Unesco-Kommission hat dem Mikrokosmos Gartenstadt Atlantic Deutschland-exklusiv die Schirmherrschaft für den Unesco-Welttag der kulturellen Vielfalt für die Jahre 2007 bis 2009 übertragen.

Literatur

Rudolf Fränkel: Die Gartenstadt Atlantic und Berlin mit Grußworten von Richard von Weizsäcker und Klaus Wowereit, hrsg. von Gerwin Zohlen, Sulgen/Zürich: Niggli-Verlag 2006.

Kapitel 6
Special Lecture

Bazon Brock

Die Kultur zivilisieren

Nachdem sie das Ende des Sozialismus ausgerufen hatten, suchten linke Karrieristen und rechte Abzocker nach einer neuen Legitimation dafür, sich den Ratlosen und Ratsuchenden in aller Welt als Heilsbringer ideell und materiell zu empfehlen. Bemerkenswerterweise einigten sich Links und Rechts auf die Ideologie des Multikulturalismus als neue Menschheitsbeglückung.

Selbst bei großzügigster Interpretation aller vorliegenden Veröffentlichungen zum Multikulturalismus läßt sich aber leider nur feststellen, daß es überhaupt keine konkreten Vorstellungen davon gibt, wie eine multikulturelle Gesellschaft funktionieren soll. Denn was Links und Rechts unter Multikultur als Lösung des Problems halbwegs friedfertigen Zusammenlebens von unterschiedlichen Ethnien, Sprach- und Kulturgemeinschaften, Wirtschafts- und Gesellschaftsformen ausgeben, ist bestenfalls die Benennung oder Beschreibung des Problems, nicht aber seine Lösung.

Die Rechten verstehen Multikultur als Sicherung der homogenen Kulturen nach dem Motto: jeder Gemeinschaft ihr Territorium, ihren Kompetenzbereich – aber bitte auf Abstand, unter strikter Wahrung der Autonomie. Die Linken berufen sich auf das Hirngespinst der kulturellen Identität von lauter Minderheiten, die alle das Recht erhalten sollen, ihre kulturelle Eigenart nach innen zu wahren und nach außen zur Geltung zu bringen.

In der Berufung auf die je eigene kulturelle Identität mit Sprachgemeinschaft, Religionsgemeinschaft und Überlebensgemeinschaft liegt der Kern für neue Konflikte, die bereits überall auf der Welt im Namen der Durchsetzung autonomer kultureller Identität zu blutigen Auseinandersetzungen führen: zwischen den Kaukasusvölkern, zwischen den Völkern Jugoslawiens, Sri Lankas, Burundis und in über 40 anderen Regionen der Welt.

Auf den ersten Blick scheinen diese exzessiven Kämpfe um kulturelle und ethnische Autonomie vielen friedfertigen und ein wenig naiven Europäern unbegreiflich zu sein. Man schüttelt den Kopf, ist entsetzt und propagiert humanitäre Hilfe durch die UNO und viele Initiativen Gutgläubiger. Man verhält sich, als gebe es in Europa keine historische Erfahrung mit solchen Situationen. Jedem historisch Interessierten drängt sich aber beispielsweise das europäische 17. Jahrhundert als Analogie zur heutigen Situation auf.

Die Deutschen machten in der ersten Hälfte des 17. Jahrhunderts – im Dreißigjährigen Krieg – unter Verlust der halben Bevölkerung die Erfahrung, wohin Kulturkampf als Religionskampf zwischen Protestanten und Katholiken führt. Die Polen erlebten die schwedische Sintflut mit ungeheuren Zerstörungen, für die es nur einen schwachen Trost gibt: das Wunder von Tschenstochau und die Geburt des polnischen Barock auf den Trümmern der zerstörten Städte. Die Engländer köpften 1649 ihren König, um diese angebliche Befreiungstat als zehnjährigen fundamentalistischen Terror von Cromwell, Vater und Sohn, zu büßen. Richelieu und Ludwig XIV. versuchten verzweifelt, die regionale Fürstenwillkür zu bändigen, mit einer ungeheuren Überanstrengung, die das Land fast ruinierte. Und vor Wien führten 1683 die Heroen der christlichen Kulturen Krieg gegen die Heroen der islamischen Kulturmission.

Aus diesen Katastrophen-Kämpfen um regionale, kulturelle, religiöse und politische Autonomie zogen die französischen Aufklärer, die englischen Zivilisationstheoretiker und die deutschen Humanisten des 18. Jahrhunderts Schlußfolgerungen, die beispielhaft waren. Allen ging es um die Zivilisierung der Kulturbarbaren.

Bis heute kann man die Enzyklopädie Diderots, den englischen Landschaftsgarten und die deutschen Reformbewegungen der gemeinnützigen fruchtbringenden Gesellschaften als höchste Ausformung des Zivilisationskonzepts verstehen, das in der Kantischen Philosophie, in der amerikanischen Verfassung und in der Menschenrechtsdeklaration von Freiheit, Gleichheit, Brüderlichkeit durch die erste Generation der Französischen Revolution von 1789 seine theoretische und praktische Grundlegung erhielt. Leider sind dessen Wirkungen zunächst durch Napoleon, dann durch seine europäischen Ordnungsvorstellungen zunichte gemacht worden.

Das Konzept einer universellen, republikanischen, sozialrevolutionären Zivilisation und seiner Realisierung als Verwaltungsstaat wurde gekontert durch das Konzept des Nationalstaats auf der Basis homogener ethnischer und kultureller Identität.

So wurde in Deutschland ab 1806 im Widerstand gegen Napoleons Armeen von Dichtern, Künstlern und Geisteswissenschaftlern (vor allem von Philosophen, Kunsthistorikern und Germanisten) der traurige, weil sehr erfolgreiche Versuch unternommen, eine deutsche kulturelle Identität zusammenzuschustern, die selbst vor historischen Fälschungen nicht zurückschreckte (die mittelalterliche Gotik wurde als genuiner Ausdruck der deutschen Kultur ausgegeben).

Mit dieser Fiktion oder, besser, mit dieser kontrafaktischen Behauptung einer jahrhundertealten Kultur der Deutschen wurde das Verlangen nach dem Nationalstaat geschürt und schließlich 1871 realisiert. Zeitgenossen dieser Entwicklung wie Heine, Fontane oder Nietzsche sahen schon damals ganz klar, wohin die unheilige Allianz von Kulturnation und Nationalstaat führen mußte. Selbst Bismarck war skeptisch, ob man ungestraft Machtpolitik unter Berufung auf die Rechte einer Kulturnation betreiben könne. Als er den fatalen Nationalismus in die Schranken weisen wollte, war es zu spät.

Kaiser Wilhelm II. politisierte die Kulturnation zu einer aggressiven Macht, die die Erbfeindschaft zwischen Deutschen und Franzosen zu einem heiligen Krieg deutscher Kulturidentität gegen die von Frankreich repräsentierte universelle sozialrevolutionäre Zivilisation ausrief.

Auch der deutsch/jüdische, deutsch/polnische, deutsch/russische Antagonismus wurde aus der Verpflichtung radikalisiert, die deutsche Kultur gegen ihre angeblichen Feinde zu behaupten und, mehr noch, ihren Führungsanspruch durchzusetzen.

Die Folgen sind bekannt – selbst die systematische Ausrottung der Juden kann noch als das Resultat dieser Kulturkonzeption gesehen werden. So sehr man auch verstehen kann, daß der Holocaust für eine bisher einmalige Form der Kulturbarbarei gehalten wird – wir sollten nicht so sicher sein, daß sich dergleichen nicht wiederholt.

Alle Kulturen entwickeln nämlich tendenziell barbarische Formen der Selbstbehauptung, sobald man ihnen im Namen der Wahrung ihrer Autonomie die Möglichkeit läßt, sich zu radikalisieren, das heißt: ihnen den Anspruch auf totalitäre Bestimmung aller rechtlichen, religiösen, wirtschaftlichen und gesellschaftlichen Verhältnisse zugesteht.

Ein zivilisiertes Zusammenleben von Menschen durch gemeinsame Verpflichtung auf für alle geltende staatliche Ordnungen und soziale Regeln ist Multikulturen daher nicht möglich. Deswegen kann ein säkularisierter Rechtsstaat und Sozialstaat kulturelle Autonomien nur soweit zulassen, wie von diesen Kulturen kein Einfluß auf Recht und Gesetz, auf soziale Ordnungen und staatsbürgerliche Bildung reklamiert wird.

Die moderne Zivilisation ist seit der Aufklärung des 18. Jahrhunderts in Wissenschaften und Künsten, in Staat und Gesellschaft als ein Versuch zu verstehen, kulturelle Identitäten, religiöse Bekenntnisse und rassisches/ethnisches Vormachtstreben so weitgehend wie möglich zurückzudrängen; das eben hieß Säkularisation.

In einer Zivilisation sind die eifernden Kulturen nur auf der Ebene der Folklore und der Musealisierung zugelassen. Die Erfindung des Museums ist der geniale Versuch der Zivilisation, mit solchen Kulturen umzugehen.

Alle Kulturen sind prinzipiell gleichwertig, sie leisten für ihre Mitglieder alle dasselbe: nämlich ein Weltverständnis, eine Kosmologie zu bieten, in der alle Mitglieder die Frage nach Gott und den Göttern, nach Tod und Unsterblichkeit, nach dem Verhältnis von Natur und Kultur oder dem Verhältnis von Geist und Materie respektive Seele und Leib, einheitlich und gemeinschaftlich beantwortet sehen können.

Aus dieser Einheitlichkeit oder Homogenität verstehen sich Kulturen als Überlebenskampfgemeinschaften, die so lange erfolgreich sind, wie sie sich gegen andere Kulturen behaupten. Dabei entsteht ein zentrales Problem: Die Beziehung der Kulturen untereinander wird so lange als mehr oder weniger blutiger Kampf ausgelebt, wie sie sich nicht gemeinsam auf besondere Regeln, die für alle gelten, verständigen.

Mit der Entwicklung der Diplomatie sowie universeller Wissenschaften, Handelsbeziehungen und Kommunikationsformen entstand der Gedanke der interkulturellen Beziehungen als Zivilisation. Heute herrschen auf dem gesamten Globus dieselben Kommunikationstechnologien, dieselben Produkt- und wissenschaftlichen Entwicklungsstrategien. Daß diese Universalisierung als Bedrohung regionaler Kulturautonomie erlebt wird, läßt aber erkennen, wie gering das zivilisatorische Niveau immer noch ist.

Da kulturelle Identität immer schon eine kontrafaktische Behauptung war, stören die vielen Kulturkämpfer offensichtliche Unsinnigkeiten ihres Selbstverständnisses nicht im Geringsten. Religiöse Fundamentalisten aller Richtungen kämpfen angeblich gegen das Teufelszeug universeller Technologien, indem sie sich eben dieser Technologien bedienen.

Da werden Tonbänder und Videokassetten verteilt, um deren Nutzer gegen technische Teufeleien aufzuhetzen. Kulturelle Minderheiten berufen sich auf universal begründete Menschenrechte, um ihre Autonomie einzufordern; innerhalb ihrer Kulturen scheren sie sich aber einen Teufel um Freiheit und Gleichheit.

Diesen gefährlichen Widersinnigkeiten können zivilisierte säkulare Staaten nur durch strikte Musealisierung ihrer Kulturen begegnen. Nie zuvor konnte man sich so intensiv, so phantasiereich und fesselnd mit Kulturen beschäftigen wie in den modernen Museen, in denen sie eingelagert, fachmännisch erschlossen und jedem zugänglich gemacht werden.

Wem es wirklich darum geht, den geistigen Reichtum der vielen Kulturen in Geschichte und Gegenwart zu bewahren, der hat dazu in den Instituten der Musealisierung phantastische Möglichkeiten. In keiner einzelnen Kultur waren je die Leistungen aller Kulturen so präsent wie in unserer Zivilisation.

Nein, die angebliche Bedrohung der Kulturen durch die universale Zivilisation ist eine Kampfparole und nicht eine Feststellung von Fakten. Deswegen können und müssen wir darauf bestehen, gerade als Künstler, Wissenschaftler, Politiker und Unternehmer, die Zivilisation, zumindest aber grundlegende zivilisatorische Standards gegen die Kulturautonomisten zu stärken.

Wenn die Menschen in Zukunft noch etwas Gemeinsames haben werden, das ihr Überleben auf diesem Globus sichert, dann sind es nicht die Gemeinsamkeiten religiöser Überzeugungen, parteipolitischer Bekenntnisse oder kultureller Uniformen – die führen ja gerade in die Kulturkämpfe. Die neue geforderte Gemeinsamkeit besteht in der Konfrontation mit Problemen, die keine Kultur lösen kann, wie beispielsweise die weltweiten ökologischen Probleme. Sich zu zivilisieren heißt zu lernen, mit solchen innerhalb einer Kultur unlösbaren Problemen umzugehen, anstatt sie bloß den kulturellen Überzeugungen und Verhaltensweisen der anderen, der Fremden, die nicht zu unserer Kultur gehören, in die Schuhe zu schieben.

Aber je blutiger die Kämpfe um regionale Kulturautonomie mit ethnischen Säuberungen und fundamentalistischen Absolutheitsgeboten auf der ganzen Welt sichtbar werden, desto stärker wird auch die Einsicht wachsen, daß nur eine universale Zivilisation die heroischen Kulturbarbareien zu zügeln vermag.

Kapitel 7
Abschluss und Zusammenführung

Richard Kruspel

Zusammenfassung des Symposions

Ich habe mir gedacht, dass ich die Diskussion vielleicht insofern in Gang bringe – wir haben ja jetzt einen Zeitraum von drei Tagen zu überbrücken, und vielleicht ist das eine oder andere bereits unter die Gedächtnisschwelle abgesunken –, dass ich keine Zusammenfassung gebe, aber mir erlaube, als alter Mann, ein paar unbotmäßige Bemerkungen zu jedem Panel zu machen. Dann, glaube ich, wird es genügend Zorn hier am Podium und genügend Anreiz zu Diskussion im Plenum geben. Ich gehe es der Reihe nach durch.

Wir haben begonnen mit den kulturellen Angeboten: „Zentrum und Peripherie", und es hat sich herausgestellt – was ja nicht weiter verwunderlich ist –, dass natürlich das Zentrum in bestimmten Gattungen eine bedeutende Rolle spielt, weil dort die Sammlungen sind, die man schwer oder gar nicht transportieren kann, weil es eben auch bestimmte praktische Hindernisse gibt; dass es aber andere Gattungen gibt, wie etwa die Musik, wo die darstellenden Künstler mit ihrer Geige und ihrem Violoncello – mit dem Klavier ist es schon ein bisschen schwieriger – sehr mobil sind und daher durchaus Event Locations aufsuchen können, die dann auch dem Künstlerischen wieder eine neue Note geben. Das, glaube ich, war Konsens. Wo meiner Ansicht nach zu wenig diskutiert worden ist – und das wäre eine Frage, die vielleicht einer Vertiefung bedürfte: Es ist unter anderem von Herrn Franz die Frage aufgeworfen worden: Wie muss man denn diese Begrifflichkeit „Peripherie und Zentrum" sehen? Ist das eine rein geographische, wie wir sie zunächst aufgefasst haben, zwischen Wien und der Provinz, oder ist das nicht in Wirklichkeit auch die Frage der Partizipation von Schichten, die in die Hochkultur eingebunden sind? Herr Schröder hat uns ja gesagt: Was immer man tut, mehr als 7 Prozent der Bevölkerung erreicht man nicht. Ist die Peripherie überhaupt nicht zur Hochkultur zu bringen? Wieweit hängt die Frage der Peripherie mit unserer Bildungspolitik zusammen? Eine Bildungspolitik, die es schafft, dass am Ende des Pflichtschulalters 30 Prozent der Migrantenkinder – oder der Kinder mit Migrationshintergrund – quasi Analphabeten sind. Und die will man dann zur Hochkultur bringen: Ist das ein sinnvoller Ansatz? Erste Provokation.

Dann haben wir über die Gegenkulturen gesprochen, und da sind mir interessant erschienen die drei Kommunikationsstile derer, die über Gegenkultur gesprochen haben. Da gab es einerseits die weibliche Komponente, wo also in sehr einfühlsamer Weise gegensätzliche Standpunkte akzeptierend, vermittelnd auf die Gesprächspartner eingegangen worden ist. Dann haben wir den Verletzten und Frustrierten gehabt, der aufgrund seiner Erfahrung mit Migrationspolitik in Österreich hier auf dem Podium schlankweg erklärt hat, Österreich sei ein rassistischer Staat; das wäre durchaus eine Diskussion, die man führen sollte. Und dann haben wir als dritten den Herrn Langhans gehabt – und das war für mich so eine Art Jurassic-Park-Erlebnis bzw. eine Reise in die Vergangenheit. Ich zähle mich ja auch zu jenen, die die 68er als Studenten miterlebt haben, wobei ich zugebe, dass die 68er in Österreich gar nicht so wild waren, wie sie immer dargestellt werden. Aber ich erinnere mich an die einen oder anderen Versammlungen im Neuen Institutsgebäude in Wien, das damals schon alt war und bis heute – das ist Wien – „Neues Institutsgebäude" heißt. Und es war damals auch schon so für uns kleine Studenten, die wir damals waren, dass wir ausgeliefert waren der Eloquenz einer Elite, die alles, was zu lesen war, damals, gelesen hatte, und das in einer hermetischen Sprache uns präsentiert hat, so dass wir in Wirklichkeit, anstatt mit ihnen zu diskutieren, von ihnen erschlagen wurden. Und es war für mich nicht ganz ungewöhnlich, dass gerade am Ende dieses Panels die Pause vor der Diskussion dazu benutzt wurde, dass sich der Saal halb geleert hat. – Ist diese hermetische Sprache Teil der Gegenkultur, oder ist das nur *eine Form* der Gegenkultur? Der Herr Langhans war ja wieder einer von denen, die dann als „Pfingstler" bezeichnet wurden. Ich würde ihn nicht als „Pfingstler" bezeichnen, denn mit Zungen hat er nicht geredet, aber er hat ein paulinisches Erlebnis gehabt, und das hat ihn verändert. Also dieses Thema der Gegenkulturen und Kommunikation, denke ich, ist sehr spannend.

Dann haben wir über die Jugendkultur gesprochen, und da sind einige Festhaltungen gemacht worden, die mich schon nachdenklich gemacht haben. Die Frage ist sozusagen: In was für Kontexten leben denn die Jugendlichen? Und da ist eigentlich davon ausgegangen worden, dass es so etwas wie eine Szene gibt, in der man sich durch Bekleidung und Sprache und andere sichtbare Kennzeichen und durch ein gemeinsames Lebensgefühl zusammenfindet. Ich bin noch aufgewachsen in der Zeit, wo der Qualtinger über den „Wüden mit seiner Maschin" gesprochen hat, und die Schlurfs und die Halbstarken waren damals diejenigen, die die Jugendkultur dargestellt haben; die waren ganz sicher anders, weil sie sich gegen die Erwachsenen gestellt haben. Und sie haben auch das, was angeblich das neue Phänomen in der Jugendszene ist, nämlich dieses Switchen von einer „Szene" in die andere, nicht mitgebracht. Was allerdings – und das ist glaube ich ein wesentlicher Punkt – zu bedenken ist: Die Illusion, die hier eigentlich erweckt worden ist, dass Jugendliche – man möge mich korrigieren – heute nicht mehr langfristige Pläne haben, sondern eher kurzfristig denken … Ich kann ihnen aus meiner mittlerweile fast zu langen Lebenserfahrung sagen: Auch wir haben damals eigentlich im Grunde genommen, nachdem wir nicht die Rollen der Eltern übernommen haben, eine sehr kurzfristige Planung gehabt. Wie wichtig Kurzfristigkeit ist, zeigt uns ja nicht zuletzt die griechische Mythologie, die ja sogar für den rechten Augenblick einen eigenen Gott erfunden hat, nämlich den Chairos, der dann eben den Schopf nicht hinten, sondern vorne hat, und wenn man ihn ergreifen will, muss man ihn ergreifen, wenn er auf einen zukommt und nicht wenn er an einem vorbei ist; also ich glaube, das ist etwas, das nicht neu ist. Ich habe eine Hypothese, die möge diskutiert werden, warum es keinen Konflikt mehr mit den Erwachsenen gibt. Vielleicht liegt es daran, dass sich die Erwachsenen in dieser Gesellschaft mittlerweile in einer Position befinden, die eigentlich nur mehr geprägt ist von der Frage: Wie können wir sie möglichst rasch entsorgen? Es geht um die Hacklerregelung, es geht um alle möglichen anderen Versuche, sie möglichst rasch aus dem Produktionsprozess zu entfernen, weil offensichtlich Alter nur Abbau, aber nicht Zuwachs an Erfahrung und an Wissen bedeutet; das ist sozusagen die Rolle, die die Erwachsenen abgegeben haben. Und ist eine Gesellschaft, die die Jugend absolut setzt, eine Gesellschaft, in der es sich langfristig zu leben lohnt? Ich als Alter muss sagen: Nein, eher nicht.

Dann kam es zum Thema „Kultur als Kampfmittel", und da hat mich also die Erzählung von der serbischen jungen Dame, die sich auf den Heiratsmarkt gebracht hat, um eine Aufenthaltsgenehmigung in der EU zu bekommen, sehr bewegt, weil an diesem Beispiel sichtbar wird, dass eigentlich der Kunstbegriff ein sehr verschwimmender geworden ist. Ist das noch Kunst, wenn man sich auf dem Heiratsmarkt anbietet – wie philippinische Mädchen –, oder ist es Kunst, wenn man dann nachher versucht, diese Kränkung und Demütigung, die damit verbunden ist, aufzuarbeiten und zu überhöhen, so dass sie einen nicht persönlich hinunterzieht? Also die Grenze zwischen Leben und Kunst ist ein ganz wichtiges Thema gewesen.

Dann hat es am Abend die Provokation durch den Herrn Bazon Brock gegeben. Und alle großen Polemiker spitzen zu, und vieles von dem, was er gesagt hat, fordert zu Widerspruch heraus. Mich hat in der Pause danach dann jemand angesprochen und gesagt: Wie kann man den Begriff der „Musealisierung" verwenden? Ich habe mich mit dem Thema Museum ein bisschen theoretisch beschäftigt, und es ist ja ein Phänomen, das die Museen von den Kunst- und Wunderkammern der Fürsten und Herrscherhöfe der früheren Jahrhunderte unterscheidet. Das Phänomen Museum ist ein Kind der Aufklärung. Und das ist das Hinzufügen zu den Kunst- und Wunderkammern: das Phänomen der Wissenschaft. Und ich glaube, dass es ganz richtig ist, die Auseinandersetzung mit dem, was wir an inkulturierten Werten erleben, auf dem Hintergrund einer „aufgeklärten“ wissenschaftlichen Betrachtung zu machen. Denn wenn es nicht gelingt, den Absolutheitsanspruch verschiedener Inkulturationsmuster zu überwinden – und gerade die abrahamitischen Religionen sind ja hier durchaus Blutsverwandte, die alle den Anspruch stellen, dass sie alleine im Besitz der Weisheit und im Besitz des Zuganges zum einzig wahren Gott sind –, müssen wir uns fragen: Wieweit ist hier eine Aufarbeitung zu einem zivilisatorischen Akt sinnvoll und möglich?

Wir haben dann am Vormittag mit dem Thema „Kultur als Ausrede“ begonnen, das das Thema Sponsoring behandelt; ich denke, das ist weitgehend abgehandelt. Die Frage ist: Was wollen und können wir von den anderen Themen noch aufarbeiten? Vielleicht ein erster Punkt ans Podium: Wen habe ich nicht beleidigt? Der möge beginnen. Vielleicht ist das ein Einstieg in eine Diskussion.

Martin Blumenau:
Ich möchte mich der These zum Gegenkultur-Panel, die Sie geäußert haben, ein bisschen anschließen. Dieses Gefühl der Hermetik und dieses Gefühl, nicht in einen Diskussionsprozess einbezogen zu werden, sondern niedergequatscht zu werden, hat sich auch in den 70ern und 80ern, als ich das erlebt habe, genauso beibehalten. Also vielleicht hat Österreich erst zu diesem Zeitpunkt die 68er richtig durchgemacht, aber das war da nicht anders. Was mich in diesem Zusammenhang viel mehr interessiert hätte und was leider nicht passiert ist, was nur in einem Gespräch vorkam, das Langhans mit der Nachtconcierge unseres Hotels geführt hat, war nämlich, dass er mit ihr lange über seine Begeisterung fürs Web 2.0 gesprochen hat. Das hat mit der vergeistigten Rolle, die er uns hier vorgespielt hat – oder die er auch natürlich lebt –, gar nichts zu tun; die kenne ich aber schon aus sämtlichen Medien. Es wäre wahrscheinlich interessanter gewesen, wenn er ein bisschen konkret geworden wäre und sich ein bisschen auch über die Neuzeit, die Jetztzeit definiert hätte. Das ist ihm schwer gemacht worden, weil er natürlich in einem Panel dann indirekt dazu aufgefordert wurde, zu Definitionen von französischen Philosophen aus den auslaufenden 80er Jahren Stellung zu nehmen, was meiner Meinung nach ein bisschen eine Sackgasse war.

Über das Web 2.0 würde ich gerne an unser Panel anschließen und zu Ihrer These kommen: Da gebe ich Ihnen recht; es ist aber auch das Gegenteil wahr. Es ist aber genauso wahr – oder es ist mehr wahr, als es jemals in der zweiten Hälfte des letzten Jahrhunderts wahr war –, dass die Älteren, ich sage einmal, die über 30 oder die 40+, die wirklich wichtigen Positionen, die definitionsmächtigen Positionen gnadenlos versitzen und durch ihren Anspruch auf ewige Jugendlichkeit auch toll rechtfertigen können. Also die angesprochenen, nachdrängenden jungen Menschen, die alle sozusagen beginnen, auf einen Pensionsfriedhof zu drängen, die sind definitionsohnmächtig und haben sich deswegen in andere Gefilde verzogen, die deshalb von 30+ gar nicht mehr wahrgenommen werden. Da möchte ich jetzt ans Web 2.0 anschließen und ein gestriges kulturelles Missverständnis aufklären, das sich manifestiert hat im Vergleich des Webauftritts von Obama mit dem von Ihnen angeführten Blog des Grünen Christoph Chorherr. Für uns am Podium, die sich ein bisschen auskennen, ist so klar, dass das nicht zu vergleichen ist, dass wir vergessen, auf die Grundlagen hinzuweisen, warum das so ist. Das Chorherr-Blog ist ein Frontalvortrag; das ist Lateinunterricht in der Schule. Da wird etwas hingestellt, und man kann – möglicherweise, ich weiß gar nicht, ob das möglich ist – drunter schreiben: „Super, Chorherr!" oder „Chorherr, ganz schön doof ..." Eine Reaktion wird man darauf nicht erhalten. Das ist keine Interaktion. Das ist die Benutzung des Mediums Internet, wie halt Erwachsene alle alten Medien auch benutzt haben: Frontalunterricht. Web 2.0 und die Obama Campaign ist das Gegenteil dessen oder ein Quantensprung. Das ist Interaktion, es ist Partizipation. Und dieses Ausnützen einer Partizipation, die eine politisch-geistige Bewegung dann auch werden kann – das macht's aus. Und das ist der entscheidende Unterschied. Ich habe beim gestern präsentierten Forum Facebook nachgeschaut, wie viele Obama Groups es da gibt. Es sind sechs oder sieben, sie haben zwischen 200.000 und 1,3 Mio. Mitglieder; es gibt auch eine Obama Hate Group, die hat 300.000 Mitglieder – alles Stand vor der Wahl –, das bedeutet, dass etwa zwei Millionen Menschen partizipativ und interaktiv sich unterhalten. Jede neue Meldung in jeder dieser Gruppen generiert ein Mail, das in meine Mailbox kommt; das steht dann drinnen: „Folgendes ist in deiner Obama-Gruppe, in der du Mitglied bist, passiert: ..." Selbst wenn ich dann nicht ins Facebook einsteige und mitmache und mich partizipativ beteilige, bin ich darüber informiert, was los ist. Also ich kann mich erstens beteiligen, ich bin Teil einer Geschichte, ich bin Teil eines atmenden virtuellen Konstrukts, oder ich bin zumindest informiert, was los ist. Das ist der entscheidende Unterschied zwischen dem Frontalunterricht, der in Österreich noch unter einem Webauftritt verstanden wird – den auch die Grünen leider nicht kapieren, alle anderen noch weniger –, und dem Web 2.0. Und solange – und das ist jetzt mein entscheidender Punkt – die Begrifflichkeiten nicht wirklich klar sind, solang nebulös von „dem Internet" geredet wird und die virtuelle Welt, die uns bedroht, oder sonst irgendwelche Schreckensszenarien aufgeführt werden, die wahrscheinlich auch in dieser Form besprochen wurden, als das Telefon eingeführt wurde – ich würde gerne wissen, wie der damalige Diskurs gelaufen ist ... *Schrecklich, telefonieren, da sieht man sich ja nicht mehr, das ist ja das Ende der Kommunikation* ... das war wahrscheinlich dasselbe wie jetzt –, also solange die Begrifflichkeiten nicht klar sind, wird es auch keine wirkliche Verständigung geben können. Deshalb war das Jugendkultur-Panel ein bisschen so ein außerirdisches Raumschiff, das da gelandet ist, und alle haben sich gegenseitig ein bisschen fremd angeschaut und sich gedacht: *Die sind aber komisch da, die anderen.*

Ljubomir Bratic:
Das finde ich ganz wunderbar, dass der Blumenau eine präzise Begrifflichkeit einklagt, das hat, glaube ich, auch etwas zu tun mit einer gewissen Hermetik oder Hermeneutik der Sprache. Der Vorwurf, dass etwas hermetisch ist, kann ja nur von jemandem kommen, der sich bisher verweigert hat, sich aller Differenziertheit der Sprache zu stellen und quasi in so einem pubertierenden Vorfeld sich immer noch aufhält, statt sich tatsächlich den Dingen zu stellen, die nun einmal angesagt sind. Und die Dinge haben nun einmal ein Medium, und unser zentrales Medium von Tagungen ist die Sprache, sind die Diskurse; also warum sich dessen entziehen und stattdessen nur Erlebnisberichte verfassen?

Und dann würde ich gerne etwas ganz anderes noch anmerken. Unsere Kollegen, die vorhin diese Studien hier vorgestellt haben – leider ist Longchamp jetzt bereits aufgebrochen –, mir war nicht ganz klar, was da tatsächlich passiert ist, weil es hieß, man untersucht den Zusammenhang von Kultur und Wirtschaft. Lange Zeit aber war es so, dass man über Kultur nur in einem ganz dünnen Segment Auskunft geben konnte und, wie ich finde, über das, was Kultur tatsächlich auch noch ist und vor allem ist, gar keine Auskunft gegeben hat, aus dem einfachen Grunde, weil man es nicht gemessen hat bzw. dieses große Andere gar nicht messbar ist. Nur, vielleicht sollte man das im Vorfeld doch mal klarmachen, was man da eigentlich untersucht, was man da misst. Kurzum, die interessanteste Aussage war, glaube ich, von Ihnen, wo darauf hingewiesen wurde: Die Wahl des Wohnortes steht in keinem Zusammenhang zur kulturellen Begeisterung. Also man wohnt nicht unbedingt dort, wo Kultur passiert. Ich rede jetzt nicht darüber, was das wiederum für ein Kulturbegriff ist, weil ich nämlich kurz mal die These hier vertreten will: Das ist auch gut so. Das Wohnen hat ja mit der Kultur, so wie Sie sie gemessen haben, gar nichts zu tun, denn im Wohnen, im Haus, zu Hause, passiert nämlich der große Teil an dem, was man „kulturelle Performance" nennen kann. Dort liest man Bücher. Dort ist man an Massenmedien angeschlossen, wo sozusagen der Mainstream kultureller Produktion heute passiert. In den Häusern, nicht im Außen eines seltsam institutionalisierten öffentlichen Raumes, passiert Kultur auch als soziales Event. Da höre ich auch FM4 und binde mich als Jugendlicher ein in eine Community, die nun mal möglicherweise auf dem Land intensiver noch ist als in den Großzentren dieser Klein-, Mittel- und Großstädte, über die wir hier vor allem gesprochen haben. D.h.: Sagen Sie doch bitte genau, was Sie da untersuchen. Untersuchen Sie Institutionen, untersuchen Sie Unternehmen, untersuchen Sie Szenen? – Die tatsächlich natürlich repräsentativ sind für eine bestimmte kulturelle Produktion, aber bei weitem nicht alles abdecken, was tatsächlich die sogenannte „kulturelle Identität" des Einzelnen ausmacht. Sie haben das schon ein bisschen nuancierter gemacht. Herr Longchamp hat ja auch von der „Popularkultur" gesprochen, aber

Popularkultur und seine Kategorien, das ist doch kaum zur Deckung zu bringen. So viel dazu. Ich hatte da einfach ein großes Problem, Ihnen zu folgen, mit Ihren Indikatoren, und denke einmal, dass zum Beispiel die Gegenkulturen von Ihnen überhaupt nicht gemessen wurden, weil die überhaupt nicht zu messen sind; zumindest nicht mit den Instrumenten, die Sie zur Verfügung haben. Da fällt also einiges raus. Und ich würde dafür plädieren – auch wenn Herr Longchamp wiederum meinte, er hat fast so einen großen Begriff von Kultur wie die Sozialwissenschaften, das fand ich nicht –, dass man schon noch einmal ein bisschen präzisieren sollte, was man da eigentlich tut, wenn man so eine Studie macht.

Bauernhofer/Kostera:
Ich kann Ihnen diesbezüglich nur recht geben. Wir haben natürlich den herkömmlichen Kulturbegriff herangezogen und in Bezug auf den Wohnort das kulturelle Angebot einer Region – also nicht das im Haus Befindliche, nicht den Literaturkonsum – untersucht. Also wirklich angeschaut, was gibt es an kulturellem Angebot, das jetzt geht von Populärkultur – ich möchte das Wort trotzdem wieder verwenden – bis hin zu klassischer Kultur, Elitärkultur. Da haben Sie ganz recht, die anderen haben wir nicht inkludiert. Ich bin auch nicht so optimistisch wie Herr Longchamp, auch nicht in Bezug auf Gemeinde- und Stadtfeste, die jetzt nicht mehr das Herkömmliche, den Standard wiedergeben sollen. Ich denke, insbesondere am Land ist das doch alles sehr standardmäßig, was da passiert, und hat sich nicht wirklich erweitert, was das Publikum und was das Angebot betrifft.

Richard Kruspel:
Weitere Wortmeldungen im Plenum?

Katharina Zakravsky:
Ja, also ich hätte an sich so einiges zu sagen, angefangen damit, dass ich mich hier auf jeden Fall großteils – nicht durchgehend, aber großteils – doch als ein im doppelten Sinne Alien gefühlt habe, sowohl in meiner Eigenschaft als Künstlerin wie in meiner Eigenschaft als Theoretikerin. Der Vorwurf der Hermetik scheint ein äußerst billiger zu sein und ist in dem Fall auch für mich nicht nachvollziehbar, weil ich mit vier vollkommen verschiedenen Sprachmodi – eigentlich fünf, inklusive Chair – konfrontiert war. Und wenn, dann waren wir alle fünf hermetisch, oder wir haben uns gegenseitig ausgelöscht, oder nur einige waren hermetisch, aber die stachen besonders hervor; also ich bin mir nicht ganz klar darüber, was es heißt. Andererseits muss ich sagen, um jetzt einfach ein klares Gegenbeispiel zur scheinbaren Hermetik der philosophischen oder sonstigen politischen Sprache zu finden: Die natürlich hier sehr präsente bildstatistische Sprache scheint ja sozusagen jedes Kind zu verstehen, und sie ist unglaublich eingängig, aber man muss bedenken, wie extrem undi-

alogisch sie ist. D.h., wenn ich mit einer Statistik konfrontiert bin, kann ich sie glauben oder nicht. Natürlich kann sie bis zu einem gewissen Grad belehrend sein – und ist sie ja fast immer, weil man ja zu dem Thema vermutlich vorher noch keine andere Statistik gesehen hat. Aber letztlich könnte nur derjenige in einen Dialog treten, der eine andere Statistik parat hat, und das sind ja die wenigsten. So viel dazu.

Teilnehmer aus dem Publikum:
Also ich, wie gesagt, spreche aus einer großen Fremdheit heraus, aus einer Fremdheit, die sich damit konfrontiert sieht, dass ich – das habe ich jetzt schon bestätigt gefunden, obwohl es natürlich ein Vorurteil ist – mich an einem relativ kulturkonservativen Ort befinde. Aber was mich beschäftigt – denn das ist eine Trivialität –, ist, wie sich dieser *genius loci* mit internationaleren, aktuelleren und ich würde auch sagen gefährlicheren Formen von Konservativismus hier gemischt hat. Und damit komme ich zu dem Thema, das mich am meisten umtreibt seit gestern, und das ist die sogenannte „Festrede" gewesen. Jetzt in ihrer Eigenschaft als nicht mehr mit Diskussion versehene Festrede einer ausgesprochenen Berühmtheit des Kulturbetriebs, kann man natürlich sagen, sie ist in gewisser Weise das Hermetischste von allen, sie ist nicht mehr diskutierbar, sie ist quasi die Arie, die gesungen wurde; und nachher gab es auch ein Konzert ... Ist sie also nicht mehr diskutierbar? Also ist das sozusagen quasi eine Kunstperformance gewesen? Und es waren ja so viele eklatante Übertreibungen und auch Absurditäten in dieser Rede enthalten, dass man das auch durchaus so sehen kann. Nur, ich fürchte, ich muss mich doch damit auseinandersetzen, das wird jetzt auch, fürchte ich, nicht ganz kurz abgehen, weil es sich doch um eine politisch geladene Rede gehandelt hat und eine missionarische Rede, d.h., sie hat adressiert, sie hat etwas gewollt. Und sie hat das relativ elegant mit einem Motiv eingeführt, das uns hier ja durchgehend beschäftigt, und das ist die Referenz zum Jahr 1968. Und wenn wir dieses Thema, das jetzt nicht ganz das offizielle Thema, aber ein bisschen ein durchlaufendes, unterirdisches Thema war, verwenden würden, um den Titel zu ändern, dann würde ich sagen: „Widerruf und Vereinnahmung" wäre dann der richtige Titel der Tagung gewesen. D.h., was ich aus Bazon Brocks Rede entnommen habe, ist ein massiver Widerruf der 68er-Motive, die aber gleichzeitig mit einer Vereinnahmung einhergeht, was natürlich besonders verwirrend und, wie ich meine, tendenziell gefährlich ist.

Jetzt ist die Frage: Was haben wir da gehört? Ist das eine konservative Rede? Der wichtige Referenzautor, der so gut wie alle Grundbegriffe dieser Rede diktiert hat, wurde ja namentlich nicht genannt. Der Name ist Carl Schmitt, und ich kann allen nur dringend anraten, die wichtigen Schriften Carl Schmitts nachzulesen, dann wissen Sie, woher Bazon Brock seine wichtigsten Pointen hat. Carl Schmitt ist ein – zwar brillanter, aber extrem konservativer – Autor der 20er, 30er, 40er Jahre und war massiv mit dem Naziregime verbrüdert. Das ist natürlich kein unmittelbarer Vorwurf an

Brock, weil er ja irgendwas damit tut. Jetzt fragt sich, was. Was ich als These in den Raum stelle, ist: Es geht hier nicht um einen konservativen, sondern um einen sogenannten *reaktionären* Diskurs. Und was ist jetzt der entscheidende Unterschied? Der Reaktionär ist eine Figur, die sich vom Linkssein bekehrt hat. Das ist etwas, was man auch über die unter Bush sehr einflussreichen Neocons sagt. Diese Figur ist sicher viel zeitgemäßer, viel aktueller als der klassische Konservative, und auch viel gefährlicher, weil reaktionäres Reden, reaktionäre Intelligenz automatisch mit Selbsthass einhergeht. Und jetzt komme ich zu seinem entscheidenden Motiv der Selbstmusealisierung: D.h., er nimmt also eigentlich ein klassisches kritisches Motiv der ethnologischen Kritik der 80er und 90er und widerruft fast alle wichtigen theoretischen Errungenschaften der linken – und nicht nur linken, sondern auch nur liberalen – 80er und 90er Jahre, in Kenntnis dessen und sehr häufig einfach nur umgedreht. Ich erinnere an diesen klassischen Diskurs: Was ist das Problem des Ethnologen in seiner Konfrontation mit sogenannten anderen Kulturen? Er schließt sie in eine identitäre Blase ein, er will, dass sie so bleiben, wie sie sind, und als solche beschreibt er diese Kulturen, als würden sie sich über Jahrhunderte ohne Veränderung gleich erhalten, ihre lieben Rituale immer wiederholen, immer denselben Bastrock tragen, und das ist – auch ohne dass das ins völkerkundliche Museum gestellt wird, was natürlich auch eine heikle Ästhetik des 19. Jahrhunderts ist – schon eine Musealisierung des Anderen. Ich nehme an, einige hier kennen diese Kritik. Was nun Bazon Brock tut, ist, es affirmieren und umkehren und auf sich selbst anwenden. D.h., wir sollen uns selbst jetzt als diese Stämme verstehen und uns selbst – und sei es als europäischer „Bastrockträger" und identitärer Kulturträger – ins eigene Museum einliefern.

Ich weiß nicht genau, was es ist. Vielleicht ist es ein Aufruf zum symbolischen kollektiven Selbstmord, und es hatte auch diesen tragischen Schluss, d.h., es gibt diesen diffusen Anderen, diesen Chinesen, dem gegenüber man diese Identität dann ins Museum zu stellen hat. Es ist dann eigentlich doch eine fantastische Erzählung und vielleicht insofern auch wieder nicht gefährlich. Trotzdem – als Schluss dieser langen Rede, die ich jetzt leider unternommen habe, möchte ich sagen: Es gibt die Antwort – und das ist wieder das Gute an diesem Forum –, es gab die Antwort ja schon innerhalb der Veranstaltung. Das, was letztlich die Antwort, die gleichzeitige Bestätigung und die perfekte Widerlegung der Bazon Brockschen Rede war, ist das Kunstwerk dieser bosnischen Künstlerin, deren Namen mir leider nicht erinnerlich ist. Das ist dieses berühmte Graffito der in Srebrenica stationierten holländischen Soldaten, mit dem wunderbaren Text: „No Teeth? A Mustache? Smells Like Shit? – Bosnian Girl!" Das ist genau das, was ins Museum kommt: also ein paar körperliche Merkmale, die sich angeblich immer gleich bleiben, und das ist sozusagen diese stets fixierte kulturelle – und dann auch physische – Identität. Und das heißt, es geht eigentlich um eine kolonialistische Rede oder eine Rede des Soldaten, und sei sie auch in blaubehelmter Variante.

Richard Kruspel:
Dankeschön für diese Phillipika. Gibt es auf dem Podium noch jemanden …?

Teilnehmer aus dem Publikum:
Ich möchte noch etwas zu etwas ganz anderem sagen, wenn das erlaubt ist. Es ist viel über die öffentliche Hand gesprochen worden und die Kulturförderung, die von ihr kommt und von den Institutionen oder den Einrichtungen entgegengenommen wird. Da ist manches ein bisschen in Schieflage geraten in unserer Diskussion, wie ich glaube. Aber etwas sehr Richtiges ist an einer Stelle bemerkt und hoffentlich nicht ganz überhört worden, nämlich dass es sich eigentlich nicht um Subventionen handelt, sondern um Investitionen, die zwei Zielrichtungen haben sollten: Die öffentliche Hand gibt Geld, um dem Bürger zu zivilen Preisen die Nutzung von kulturellen Einrichtungen und der dort angebotenen Kultur – Galerien, Theater, Konzerte – zu ermöglichen; zweitens aber auch, um Kulturrichtungen oder Kunstrichtungen, die noch nicht oder überhaupt nicht auf ein breites Publikum zählen dürfen, die Möglichkeit zu geben, trotzdem zu existieren. Sprich: die Förderung der Neuen Musik, der alternativen Theaterformen, neue Bilder anzukaufen und so weiter. Und jetzt mache ich einen kleinen Sprung: Es ist sehr ausführlich und sehr überzeugend geredet worden über die Frage: Wie gewinnen wir Mäzene, Sponsoren, Privatleute dafür, Kunst und Kultur zu fördern? Und da wurde gesagt: Das ist sehr schwierig, und wir sind das immer alle falsch angegangen, wir haben entweder gefordert oder sind mit der Blechbüchse herumgegangen, und da hat niemand etwas hineingetan, und so läuft das einfach nicht, das muss professionell geleitet werden, von Leuten, die etwas davon verstehen, es funktioniert alles noch nicht so, es ist alles noch am Anfang und muss sich noch entwickeln – alles sehr schön und glaubhaft. Meine Frage ist: Warum verhalten wir uns den Kulturpolitikern gegenüber, den Leuten von der öffentlichen Hand gegenüber so ganz anders? Wahrscheinlich müssten wir auch diese in eine Partnerschaft kriegen und – in einer Demokratie – sie überreden, sie überzeugen, dass das, was wir mit den öffentlichen Geldern machen, gut, sinnvoll, interessant ist, so dass derjenige, der darüber entscheiden kann, uns die Gelder zu geben, vielleicht auch stolz ist auf die Arbeit, die er auf diese Weise fördert. Ich meine, das ist auch ein Weg, der in den seltensten Fällen gegangen wird, und mich langweilt schon lange dieses Gejammere um Subventionen und höhere Subventionen; das ist ein Weg, der nicht funktioniert.

Richard Kruspel:
Nachdem keine weiteren Wortmeldungen mehr sind, würde ich allen, die hier gewesen sind, herzlich danken. Ich glaube, es war ein spannendes Symposion, das wir hatten; das natürlich die Fragen der Welt nicht gelöst hat. Ich darf alle im Sommer einladen, nach Alpbach zu kommen.

Das Generalthema des diesjährigen Forums Alpbach ist „Vertrauen“ – ein Thema, das in der Welt von heute, denke ich, von ganz großer Aktualität ist, und Sie werden sehen, dass wir das in den verschiedensten Facetten auszuloten versuchen. In diesem Sinne: Danke fürs Kommen, danke fürs Mittun und noch eine angenehme Heimreise, falls Sie von weiter her gekommen sind. Und hoffentlich haben Sie Anregungen bekommen, die Sie zum Weiterdenken anregen.

Personenverzeichnis

ALTON Juliane, Dr.
Obfrau, IG Kultur Österreich, Wien

BLUMENAU Martin
Leiter „T&C" (Traffic & Continuity), Radio FM4, Österreichischer Rundfunk, Wien

BRATIC Ljubomir, Mag.
Philosoph und freier Publizist, Wien

BROCK Bazon, Dr. sc. tc. h. c.
Professor, Lehrstuhl für Ästhetik und Kunstvermittlung, Bergische Universität Wuppertal

BUSEK Erhard, Dr.
Präsident, Europäisches Forum Alpbach, Wien

FRANZ Michael P., Dr.
Leiter, Sektion IV (Kultur), Bundesministerium für Unterricht, Kunst und Kultur, Wien

HUSSLEIN-ARCO Agnes, Dr.
Direktorin, Österreichische Galerie Belvedere, Wien

JOCHUM Manfred, Prof. Dr.
Hörfunkintendant i. R., freier Journalist, Wien

KAINRATH Peter Paul,
Künstlerischer Leiter, Klangspuren, Schwaz; Künstlerischer Leiter, Stiftung Internationaler Klavierwettbewerb Ferruccio Busoni, Bozen

KRUSPEL Richard, Dr.
Generalsekretär, Europäisches Forum Alpbach, Wien

LANGHANS Rainer
Autor und Filmemacher, München

MATIASEK Hellmuth, Dr.
Regisseur, Staatsintendant a. D., Raubling

RAUNIG Gerald
Philosoph und Kunsttheoretiker, Wien

RINGLER Paul, Mag.
Projektmanager, GfK Austria – Sozialforschung, Wien

SCHRÖDER Klaus Albrecht, Dr.
Direktor, Albertina, Wien

SEIPEL Wilfried, Dr.
Generaldirektor, Kunsthistorisches Museum, Wien

STOSS Karl, Dr.
Generaldirektor, Österreichische Lotterien; Generaldirektor, Casinos Austria AG, Wien

TÖCHTERLE Karlheinz, Dr.
Rektor, Leopold-Franzens-Universität, Innsbruck

WOLFFSOHN Michael, Dr.
Professor für Neuere Geschichte, Universität der Bundeswehr, München

WOLFFSOHN Rita
Dipl.-Pharmazeutin, Vorstandsmitglied der Gartenstadt Atlantic AG, Berlin

ZAREMBA Jutta, Dr.
Wissenschaftliche Mitarbeiterin, Institut für Kunstpädagogik, Goethe-Universität, Frankfurt am Main

ZENTNER Manfred, MMag.
Fachbereichsleiter „Forschung und Wissenstransfer“ sowie „internationale Kooperationen“, Institut für Jugendkulturforschung und Kulturvermittlung, Wien

Danksagung

Besonderer Dank für vielfältige und professionelle Hilfe an: Marion Bernhard, Studienverlag, Innsbruck; Magistra Regina Aichner, Magister Thomas Baumgartner und Magistra Barbara Ruhsmann, Europäisches Forum Alpbach, Wien; Elisabeth J. Nöstlinger, Das Salzburger Nachtstudio, ORF Wissenschaftsredaktion, Wien; Mag. Katharina Kovarik, Wien

In der Reihe „Kultur und Wirtschaft“ bisher erschienen:

Erhard Busek, Dagmar Abfalter (Hrsg.)

Kultur und Wirtschaft

Kultur und Wirtschaft, Band 1

152 Seiten, € 21.90/sfr 39.50
ISBN 978-3-7065-1906-9

Manfred Jochum (Hrsg.)

Kultur und Medien

Alpbacher Mediengespräche 2003

Kultur und Wirtschaft, Band 2

118 Seiten, € 21.90/sfr 39.50
ISBN 978-3-7065-1953-3

Manfred Jochum (Hrsg.)

Kultur und Wirtschaft II

Kultur und Wirtschaft, Band 3

160 Seiten, € 21.90/sfr 39.50
ISBN 978-3-7065-4161-9

Manfred Jochum, Isolde Schmid-Reiter (Hrsg.)

Teure Kunstform Oper?

Musiktheater im neuen Jahrtausend.
Strategien und Konzepte

Kultur und Wirtschaft, Band 4

142 Seiten, € 19.00/sfr 33.60
ISBN 978-3-7065-4299-9

Manfred Jochum (Hrsg.)

Halloween und Christkindl

Festtagskultur und Markt

Kultur und Wirtschaft, Band 5

212 Seiten, € 22.90/sfr 40.10
ISBN 978-3-7065-4398-9

Manfred Jochum (Hrsg.)

Wa(h)re Sprache

Literatur und Markt

Kultur und Wirtschaft, Band 6

216 Seiten, zahlreiche s/w-Abbildungen, € 23.90/sfr 43.50
ISBN 978-3-7065-4597-6

www.studienverlag.at